精品集萃丛书·时光不老系列

光是过黑板的粉笔屑

《中学生博览》杂志社 选编

时代文艺出版社

图书在版编目（CIP）数据

时光是划过黑板的粉笔屑 / 《中学生博览》杂志社
选编. -- 长春：时代文艺出版社，2021.6
（青春美文精品集萃丛书. 时光不老系列）
ISBN 978-7-5387-6681-3

Ⅰ. ①时… Ⅱ. ①中… Ⅲ. ①作文－中小学－选集
Ⅳ. ①H194.5

中国版本图书馆CIP数据核字(2021)第076642号

时光是划过黑板的粉笔屑
SHIGUANG SHI HUAGUO HEIBAN DE FENBIXIE

《中学生博览》杂志社　选编

出 品 人：陈　琛
责任编辑：王金弋
装帧设计：任　奕
排版制作：隋淑凤

出版发行　时代文艺出版社
地　　址：长春市福祉大路5788号　龙腾国际大厦A座15层　（130118）
电　　话：0431-81629751（总编办）　　0431-81629755（发行部）
网　　址：weibo.com/tlapress（官方微博）　　sdwycbsgf.tmall.com（天猫旗舰店）
开　　本：880mm×1230mm　1/32
字　　数：135千字
印　　张：7
印　　刷：三河市嵩川印刷有限公司
版　　次：2021年6月第1版
印　　次：2021年6月第1次印刷
定　　价：36.00元

图书如有印装错误　请寄回印厂调换

编 委 会

Contents
目　录

在时光中破茧成蝶

闪耀璀璨年华

盛开的回忆之花

划过星河万万里

孤雁南飞，划过星河万万里

李寻乐

有少年北上

许温柔到现在都能记得沈卡转学来的那天。

窗外的香樟树沙沙作响，刺眼的阳光透过玻璃打在温柔脸上，她坐在靠窗的最后一排无聊得发起了呆。

耳边突然传来桌椅搬动的声音，手肘也随着桌子晃动了两下，她有些恼怒地偏过头，准备好好教训那个打扰她沉思的人。就看见眼前阳光温暖的少年含着笑说："不好意思，桌子有些重，是不是吵到你了。"少年说话还带着口音，平翘舌分不清楚，充满了南方温柔缱绻的调子。温柔轻哼了一声，看着少年吃力的样子，站起身来三两下便把装满了书的桌子摆得整整齐齐。

周围的男生好事地喊了几声，"大块头许温柔发威了。""名不虚传啊。""哟，许大牛竟然主动帮忙啊。"声音有些嘈杂，温柔烦躁得朝最近的闹事者拍了过去，然后在少年惊讶的眼神里，羞恼地吼了句："看什么看，再看小心我揍你。"

少年忽然笑了起来，伸出手彬彬有礼地说："你好，我是沈卡，从南方来的转学生。"

温柔看着书，耳边还回旋着沈卡好听的问候，可她一向不善于交流，也没有朋友，打定了主意不要回应。沈卡想了想，拿出本好看的笔记本说："是名字很难说吗，那写出来怎么样。"

聒噪的声音一遍遍冲撞着温柔，良久，她不耐烦地用极快地语速说。

温柔，许温柔。

温暖似阳光

沈卡自从坐在了温柔旁边之后，温柔粗心大意，丢三落四的毛病更是严重了起来。起初温柔还想着沈卡很快就会搬走的，没有人愿意和她同桌超过一个礼拜。所有和她同桌过的人，无论男女都会在一个礼拜不到就找班主任申请换位置。

可一个礼拜过去了，沈卡依旧好好地坐在她身边。每当温柔忘记带书，墨水用完，笔记忘记抄下来的时候，他都会伸出援助之手。像是她最爱看得动漫里的哆啦A梦，拯救大雄于危难之间。

"温柔同学你喜欢《小王子》吗？"沈卡好奇地问道。

"不喜欢。"温柔干脆利落地回答。那个适合看故事，永远长不大的她早已经消失了，现在的她只需要好好地学习，然后快快长大，长到足够撑起一片天空的地步。

沈卡眼珠转了转，轻轻地回了一声，便又沉寂在了晦涩难懂的物理题上。

那之后的几天，沈卡每天清晨到教室之后都会发现桌子里被人放了垃圾，可他总是好脾气的把垃圾仔细清理干净，然后默不作声地学习。那天放学，温柔照例逃了一节自习课，她要去医院给家里卧病在床的妈妈取药，然后煮饭。

走到半路的她，懊恼地发现拿药的单子落在学校了，只能又走回到学校去。到了学校的时候，刚放学十分钟，教室仅剩下两名打扫卫生的同学。她快速找到单子，在出门的时候撞上了沈卡。

沈卡脸上有些瘀青，像是刚被人揍过。他装作没事样，笑着对温柔打了声招呼。温柔却很想知道这个刚转学就被打的沈卡是怎么了，"你被谁打的？"

"不小心摔了一跤而已。"沈卡不在意地笑笑。

"切，我打的架比你吃的饭还多，还想骗我。"温柔不屑地说道。

沈卡挠了挠头，苦笑着说："有人说我离你太近了，要是还不搬走就继续往我抽屉里扔垃圾，还有打我。"

这个年纪大概总有些人被大部分人讨厌着，连带着所有人都被他们拉着一起讨厌某人。长得不好看，不爱说话喜欢动手打人的温柔，自然是那少部分的人。

她难得调笑着说："看吧，早就说过叫你离我远点了。"

沈卡却出乎意料的一本正经，"温柔同学又不会吃人，不仅人好而且学习也很好，和你做同桌我很满意啊。"

小王子说："孤独的人总是喜欢看日落。"天边晚霞艳艳，红日斜倚在云上，温柔忽然觉得这夕阳日落很美。

但莫名其妙的却又不觉得孤独。

保护与被保护

那天过后，沈卡和许温柔的关系有了很好的进展，许温柔不再烦身边多出来的噪音，还拍着胸脯说会罩着沈卡。她当着所有人面说，以后沈卡是我的小弟，你们要是欺负他得先问过我。

也正是那之后，沈卡很好地适应了小弟的身份，端茶送水，敲背捶腿，大有重现魏忠贤之风。温柔亦舒展着眉头，很好地接受着这一切。

沈卡书包里怎么拿也拿不完的进口零食，价值不菲的笔袋，还有满是看不懂牌子的笔。温柔大胆地猜想沈卡应该家境很好，幸福和睦。她有些艳羡地想着要是她也可以生活在这样的家庭，没有像雨滴一样连绵不断的烦恼该多好。

平时一向和她不对头的李墨经过沈卡身边的时候故意踹了他凳子一脚，沈卡狠狠地摔了一跤。温柔当即站了起来，拉着李墨不让他走，"道歉！"

"我偏不，你能拿我怎么样，哈哈。"李墨叫嚣着。

温柔刚准备挥拳，沈卡按住她的手，连声安慰着。

"哟，大野牛许温柔怎么不打呀，是不是你爸和人跑了，没人赔礼道歉连胆子都小了啊。"

沈卡忽然站在温柔身前，说："你要给温柔道歉，谁也没有资格这样说她。"

李墨听了沈卡的话更是笑了起来，他偏偏要说，还准备打沈卡。

结结实实挨了一拳的沈卡，被温柔追着李墨打得狰狞样子吓了一跳，然后又笑着想，温柔同学果然"温柔"啊。

傍晚药店门口，温柔给沈卡贴上纱布，终于忍不住笑了起来，说："明明是只弱鸡，却摆出一副找打的样子，笑死人啦。"

"可温柔同学也不能就这样被人欺负啊，再说了不是还有你会打架吗，小弟不都是这样吗。"沈卡傻笑着。

一个人面对所有，没有人保护的日子，该是多么的难过。

南飞的大雁

一连好几天许温柔都没有上课，却没有人发出疑问，好像从来就没有这个人似的。沈卡不安地找上了班主任，才得知温柔的妈妈又犯病了，还很严重，现在正在医院接受治疗。

沈卡到医院的时候，温柔还在和妈妈说话，她声音不同平常那样，格外地温柔。她刚说了个笑话，脸上掩饰不住的笑容，在看到沈卡的时候有些怔了怔，还是温柔妈妈喊他进来。

温柔妈妈是个极其温婉的女子，哪怕还病着依旧让人想要亲近。她一个劲儿地和沈卡说着温柔小时候的那些糗事，提及当初逛商场时差点儿被店员认成男生，惹得沈卡更是忍不住笑了出来。

直到温柔妈妈睡着了，沈卡才和温柔下楼吹风。温柔脸上还夹杂着些倦意，嘴角边的笑容在看到沈卡的时候忽然塌了下来，她哽咽着说："怎么办，妈妈病情开始恶化了，很有可能熬不过这个冬天了。"

哪怕她爸抛下她们走的时候，哪怕她被人嘲笑被人欺负的时候，她都坚强得没有掉下眼泪，可是最爱的人的一个坏消息就可以让她痛哭流涕。

温柔的心依旧温柔，只不过平时被包裹了起来。

"温柔，其实我很羡慕你，你看，你妈妈如此爱你。我的父母从小就在不同的地方打拼事业，上个学也是跟着东奔西跑。"沈卡轻声说。

她有些不敢相信，她想象过的沈卡该是多么的幸福，可原来他却羡慕着自己。

"别难过，一切会好的，好的总会在最后出现，然后给你最好的一面。"

他笑着给了温柔一个暖暖的拥抱，温柔终于还是笑了出来。

还有星河万万里

那个秋天，樟树也频频落下叶子，温柔妈妈却奇迹般的有所好转，可就在温柔回到学校准备和沈卡说这个好消息的时候，沈卡却转学了。

她有些不知所措，在翻书时看见夹着的一封信。信上是一只大雁，展着翅膀，身后是星河滚滚。

生活从来都不是一帆风顺，更不会一直海浪滔天。更多的时候它更像是等待春天的花园，也像是孤独飞翔的大雁。

　　春天没到，花园里万籁俱寂；孤雁飞天，满是寂寞孤独。可花园总会开花，孤雁走过的路，亦有星河万万里。

　　所有的好，都在后头，等着你。

　　温柔，请一定要好好的。你的小弟沈卡。

聪明的孩子，提着易碎的灯笼

张爱笛声

1

我的好朋友余婉，是我妈以及周围很多家长眼中的"别人家的孩子"，她性格沉静，热爱学习，成绩优异，一直以好孩子的姿态"凌驾"于我们这些普通孩子的头上。而我，因为与她年纪相仿，且总与她形影不离，自然而然地就常被别人拿来与她比较。

"看看余婉，再看看老杨家姑娘，才知道什么叫差距。"

"你说也是奇怪，老杨女儿老跟余婉一起玩，按理说应该向余婉看齐才对，怎么还是一点儿长进也没有？"

"……"

可能是我心大，我并不觉得我和余婉有什么太大差距，左右不过是一个成绩好，一个成绩差，一个性格文静，一个性格外向罢了，我安慰自己，好闺密都是这样的啊，互补！但我妈却不希望我和余婉走太近，她说，绿叶衬鲜花，你永远不是主角。

我还记得上二年级的时候，有一天放学后我很开心地冲回家和妈妈说："妈，今天我作业的分数比余婉还要高呢。"

我妈当时在炒菜，闻言就笑开了花，"是吗？那我今晚再加个菜，奖励一份你爱吃的红烧肉。"

吃饭的时候，我妈问我："是语文作业还是数学作业？比余婉高了多少分？"

我骄傲地挺直了背说："是劳动课，老师让我们洗袜子，余婉不会洗，我洗完之后就帮她洗了，不然她可能要不及格了。我这次80分，她只有78分，因为我完成得比较早。"

妈妈听后立即把我面前的那碟红烧肉挪走，"吃什么吃？劳动课拿了80分有什么好神气的？"

我哇哇大哭起来，我妈却一点儿也不心软，"你老喜欢和余婉玩，那也就算了，现在还帮人洗袜子？杨乐乐，你能不能争点儿气，别搞得他们家余婉就是公主，你就是她身边的丫鬟似的。"

2

我妈没说错，余婉就是个公主。

我们一起上了初中。十三四岁的初中生，正是情窦初开的时候。成绩排名全级第一，面容清秀、文静可人的余婉成了很多男生心目当中的"沈佳宜"。但余婉除了学习外再不关心其他，男生们不管做什么都没法引起她的注意，于是他们将主意打在了我的身上。那时我是唯一能靠近余婉的人，男生们请我吃饭喝水，只为了求我帮他们牵线铺路，顺利与余婉结识。

我以为那些男生喜欢余婉都是因为她长了一张好看的脸，毕竟周围成绩好、性格文静的女生实在太多了，怎么男生们就不喜欢她们呢？

我的同桌路理否定了我的猜测，他告诉我，他喜欢余婉就不是因为她的长相。

据路理描述，他是在一次考试中喜欢上余婉的。那场考试他和余婉被分在同一个教室，余婉坐在他前桌。余婉考试中途把橡皮不小心弄掉在地上，路理发扬友爱精神把橡皮捡了起来，继而用笔戳戳她的后背，想把橡皮还给她，结果余婉头都没回，干脆地举起了手，"老师，后面的人干扰我考试了！"

路理目瞪口呆。

正常人都会因此对故事中的余婉产生不满心理吧，然而路理却没有，他说，就是那一瞬间他喜欢上了余婉，因为她的绝对正直。她那高高扬起的马尾一下子就扫中了他的心，从此他的荷尔蒙只为她蠢蠢欲动。

路理不是个按常理出牌的人，他不像别的男生一样给余婉递情书发短信，他通过我找到了余婉的妈妈，说自己家境贫穷，但是数学成绩十分优秀，拿过几次奥数比赛的奖，他想给余婉做家教赚点儿零花钱。

余婉妈妈一开始肯定不信，后来多方打听，得知路理数学成绩的确出色，而余婉虽总分排名前列，数学却总归是个短板，心想让他来给余婉补补课也不错。就这样，路理得到了接近余婉的机会。

可是，仅仅过了一天，路理就回来朝我倒苦水，"杨乐乐，余婉妈妈太可怕了，我给余婉补课三个钟，她一直坐在旁边，寸步不离。她那双眼睛就没离开过我俩，被她盯了一个上午，我真是瘆得慌。"

我哼了一声，"别说有你这个异性在场了，就算是只有余婉一个人，她妈也每晚坐在她旁边看着她学习，一直到她上床睡觉。"

余婉的妈妈，在一家工厂上班，当了一辈子的普通职员，一直都没有升职，听说是学历太低的缘故。也许是心里怄着一股气吧，从余婉出生以来，她就对她十分严格，我们刚学会说话的时候余婉就开始背古诗了，我们还在外面玩泥巴的时候余婉就已经养成每天学习的好习惯了。我曾经在余婉房间的书桌上看到一张纸条，上面是她端正的字迹：一定要考上211或985。我问余婉，这几个数字什么意思啊？怎么把它贴在桌上？余婉那时才五年级，她很认真地和我说："211和985是重点大学，我妈说我一定要考上去，如果考不上的话她就不会再认我这个女儿了。"那时我正在舔着一根冰棍，听闻这话我立马把冰棍藏到了身后，我在那一刻觉得我和余婉简直相隔了一条银河，她已经有考重点大学的志向了，而我竟然还在舔冰棍，真是太羞耻了。但后来回味起余婉那句"考不上她就不会再认我这个女儿了"，还有她那透露出些许焦虑的眼神，我又开始同情起她来。

路理当了余婉一个月的家教，可怜的是余婉连他的名字都不感兴趣，只在补课结束后才淡淡地和他道了声谢。我笑路理做的是无用功，但他朝我露出一个贱贱的笑，"我在余婉数学书第一页写了句话，她准能看到。"

"余婉看到的话她妈肯定也看到了。"我说。

事实也是如此。那天晚上回家后，我去找余婉，惊讶地看到她妈妈正拿着一把剪刀将她的一头长发咔嚓几下剪成了齐耳的蘑菇头……我看到余婉抿着嘴，眼泪无声地滑落，肩膀也在发抖，却始终不敢说一句反抗的话。

我后来才知道，路理在余婉的数学书上写了一句：最喜欢你的发，轻柔地拂过我的心，像森林的风声，像深秋的皓月。

余婉妈妈气得当时就冲进房间拿出了剪刀，非得把余婉的一头长发给剪掉。

我问余婉："你为什么就不反抗呢？或者你跟你妈撒撒娇啊，怎么就那么听话呢？"

余婉懦懦地说："我妈妈也是为我好。"

3

余婉中考考得很好，进了市里最好的一所高中，而我正常发挥，上的是一所普通高中，但离余婉的学校并不远。路理超常发挥，和余婉上的同一所高中，为了庆祝和余婉同校，他请了班里好几位相熟的同学去吃饭。在饭桌上，路理豪情万丈，扬言一定要在高中追到余婉。

但显然这个目标很难实现，因为余婉从初中进入高中，就好像从一个牢笼进入了一个更狭窄的牢笼一样，更加没有了自由。余婉的妈妈在校外租了个房子，专门陪读，每天想尽办法各种食疗。她还给余婉请了两个家教，每个周末的课排得比正常上课还要多。更可怕的是，她给余婉制定了很细致的学习计划表，上厕所规定时间为三分钟，洗澡不得超过五分钟，吃饭的同时必须戴着耳机听英语课文……

所有的老师都对余婉评价很好，说她"聪明""乖巧""自律能力强",而余婉的成绩一直也保持得不错,可是,在余婉妈妈的眼里,这还远远不够。为了让余婉当上全级的第一,她一腔热血,恨不得当余婉的分身,帮她上课学习考试,直接上重点大学。

高二的期中考结束后,路理给我打了个电话,说是余婉学得快疯掉了,刚考完试就跑到图书馆里看书,从早上开馆到晚上闭馆,没有吃过东西,没有离开过座位,图书馆管理老师来劝她回去休息,她还是充耳不闻。

"杨乐乐,你过来看下她吧,你是她最好的朋友了,也许她能听你的。她现在真的太可怕了,瘦得跟竹竿似的,整个人精神状态十分不好。"

第二天,我就去余婉学校找她了。她果然是在图书馆里过的夜,我见到她的时候,她已经又在看书了。一天没吃东西,一晚没睡,一张脸煞白,手里却还不停地翻动书页,不断用笔在练习本上勾勾画画,嘴里念叨着:"做完这一本练习册,再把《赤壁赋》背熟,就可以休息了。"

我看着余婉这副魔怔的模样,只能用尽力气把她拉出了图书馆,带她吃了饭,又把她带回我的寝室,让她在我床上睡了一觉。余婉从上午一直睡到傍晚,醒来的时候她和我说:"乐乐,这是我这几年来睡得最踏实的一觉。"

余婉回家后,听说又被她妈妈严厉地骂了一顿,她以为余婉偷懒,于是给她又加重了学习的量,从此余婉的生活更加暗无天日。

高三那年，即便是我这样的学渣也开始临时抱佛脚，于是我与余婉的联系淡了许多，只偶尔地从路理那里听到一些关于她的信息。听说她更瘦了，人显得虚弱很多，不像沈佳宜了，更像古典美人林黛玉。还是有很多男生暗恋她，但没一个人敢追她，谁都知道她有一个虎妈，轻易惹不得。她的成绩还不错，几次模拟考都上了重点大学的分数线。

六月后，一切都已尘埃落定。我考上二本，父母都挺高兴，大概是本来就没对我抱太大的期望，所以根本没有失望。失望的是余婉妈妈。因为余婉考得并不那么理想，只考到了本省的一所高校，当然也是一本，只不过不是211也不是985。

我却有点儿替余婉高兴，上了大学以后，天高任鸟飞，余婉终于不用被她妈妈二十四小时掌控着了，她终于拥有自由了。

4

路理把志愿全部填在了余婉所在的那个城市，他和我一样，天真地以为余婉只要上了大学，就可以摆脱学习的束缚，可以自由恋爱，自由玩耍，和千千万万个别的少女一样，享受大学生活。

然而上了大学后的余婉，却更加不开心了。余婉高考失利，她妈妈却依然对重点大学怀有执念，要求她以优异的成绩保研，如果保研不成功，那就考研。于是余婉的生活依旧如同高中一样，除了读书就是考试，每天灰头土脸的。

高中的时候，成绩决定一切。大学却是个小型社会，智商充足还不行，情商也不能低。余婉一直在她妈妈的保护下长大，从未住过集体宿舍，也不多跟人交流，她对身边的人和事都保持着一种钝感，使得她与周围一切显得格格不入。

和她打过几次电话，她总是抱怨室友太难相处。

"乐乐，我好想搬出去住啊，我和她们总是相处不来，如果她们都像你一样好相处就好了。"余婉声音有点儿郁闷，她觉得自己是被其他人排挤了。

"集体生活总是难免有摩擦的，多点儿沟通和包容就好了。"我问余婉，"她们为什么排挤你啊？"

"我哪知道？我就是用了她们一点儿沐浴露而已，就一直被她们在背后说坏话。我晚上十点就得睡觉了，她们一直在用手机聊天、玩电脑游戏，吵得我根本睡不着，我和她们吵过几回。"

我刚想劝余婉对人对事不要太偏激，哪儿知道她却说："她们太小气了，我和她们不是一类人，合不来的。"

大四那一年，临近毕业，我接到了路理的电话，他在电话里说："乐乐，你来我学校一趟，余婉来找我了，她有点儿不对劲儿。"

路理在大四初就找到了实习工作，在外面租了个房子自己住。这些年来，路理是余婉除我之外唯一的朋友，据路理描述，余婉是突然出现在他面前的，他打开门看到她时都傻眼了。

余婉手提着两瓶啤酒，脸上都是泪痕，显然是刚刚哭过，她一声不吭地走进他的房子，坐在客厅的沙发上，大口喝起酒来。他问她话，她也不答，只是一边哭一边喝酒，没办法，他只好给我打了电话。

见到余婉后，她拉着我和路理一起喝酒，她是从没沾过酒的，我知道。可是此时的她却恨不得醉一场，在酒精的作用下她说了很多的话。

"我英语六级没过，考了三次，还是没过。我已经很努力了，可就是过不了啊……期末考试我挂科了，妈妈问起我也不敢讲……我明明那么努力，为什么还会这样？很快要考研了，我压力大得要死，我每天都睡不着……"

"宿舍里的人都说我是怪咖，我也觉得自己是啊。以前每个人都说我聪明，说我优秀，可上了大学之后我才知道，成绩意味不了什么，我不会唱歌，不会跳舞，什么特长都没有，连煮饭、洗衣服、打扫卫生都不会，我什么都不会……我好自卑……没有人能接受我，我也接受不了自己……"

"你们看。"余婉突然笑着摘下自己的帽子。

我的呼吸一窒，身体也变得僵硬起来，余婉以前浓密的头发稀疏了很多，头顶发旋处竟然有一块拇指大小的空白。

这知道这是什么，医学名称"斑秃"，这种病是由精神压力过大引起的。

我抱着余婉大哭起来。

5

余婉病了。

她絮絮叨叨地，和我们说她的经济学老师偷偷给她递过情书，她拒收，结果她就被挂了科。

她说她的室友联合起来排挤她，骂她、打她，不让她进宿舍。

……

余婉妈妈听说了这些，很是生气，拉着她就去学校找那些老师同学对质。可是种种的人证表明，余婉说的话并不是真的。

她开始不断地头疼，目光呆滞，胡言乱语。她有时会咬牙切齿地和我列举她室友的"条条罪状"，有时又会一脸甜蜜地和我说她和路理昨晚一起出去逛街了。

"余婉，昨晚你和我在一起，怎么可能会和路理出去逛街呢？路理已经去上班好几天了。"

"我们是去逛街了啊，我们一起看电影，他牵了我的手，还……亲了我。"余婉的模样，又青涩又甜蜜。

"不可能。路理追你那么久，你不是一直对他没意思么？"

"没有啊，我们初二就在一起了，那时候他给我当家教，还给我写过情诗。"余婉一字一句地念，"最喜欢你的发，轻柔地拂过我的心，像森林的风声，像深秋的皓月……"

余婉妈妈带她去看了很多的医生，最终都得出同一个结论，余婉患了臆想症。我看到余婉妈妈蹲在地上抱头大哭，而余婉却站在旁边把玩着自己的头发，行为举止像是个幼稚儿童。

药物治疗了一段时间，余婉好了一些，回校拿了毕业证。拍毕业照那天，余婉妈妈来到现场，给她送了一束花。余婉接下那束花，笑得特别甜，那是一种我在她脸上从未看到过的笑容，是放松，是解脱，是最自由的笑。

余婉妈妈再也没提考研的事，余婉出事后，所有的亲戚朋友都说是她给了余婉太大的压力，她也陷入了深深的自责里。余婉在家待了半年，状态好的时候她和普通人一样，看不出半点儿异常。但发病的时候总是突然，有一次我和她去看电影，看到一半的时候她拉着我跑了出来，边跑边说："乐乐，我要赶紧回家了，我快要考研了，书还没看呢。"

她总是晕乎乎的，有时以为自己在高中，要参加高考，有时以为自己在大学，要考研。她渴望像别的女孩儿一样谈恋爱，却又牢牢记住她妈妈说的"不能与异性关系过于亲密"，她想要看看小说玩玩游戏，却在拿起手机的时候又像被抽了一鞭子似的缩回手，"我妈说了让我好好学习，我不能分心。"

余婉妈妈给她在家附近的社区里找了一份清闲简单的工作，每天她陪着余婉上班，再接送她下班。周围有很多人在背后议论余婉，说她是"方仲永"，明明小时候那么聪明那么优秀的女孩子，现在读了大学回来却找不到工作，还得让妈妈照顾，真是可悲。

余婉妈妈不再计较他人的眼光，她似乎意识到自己这么多年来所坚持的方向完全是错的，她毁了自己的孩子。她有时会看着我出神，说："乐乐，以前我其实不太喜欢你，因为你太闹腾了，没有一点儿女孩子的样子，张牙舞爪的。可是现在，如果婉婉能像你一样，开开心心的，我该多欢喜。"她开始试着把余婉缺失的那么多年的母爱给补回来，她把余婉当孩子一样疼爱，不再给她立规矩，陪着她看电影，陪她画画唱歌看书，不再奢求她成为别人眼中"聪明的孩子"，她终于知道，她的角色是一个温柔的母亲，而不是一个严厉的教练。

路理辞了工作回到熟悉的小城，他跟我说大城市太累了，在小城踏实一些。我没有拆穿他，虽然我曾多次看到他陪着余婉去放风筝。多年过去，他看余婉的眼神，依旧没有改变，她还是他心中的沈佳宜。

我有时也会替余婉惋惜，如果不是她的妈妈，也许她不会如此不幸。但有时又会为她庆幸，她在年少时候缺失的温情世界终于在她长大成人后重归完整。这又何尝不是另一种幸运？

歌里在唱，聪明的孩子，提着易碎的灯笼。余婉手中的那个灯笼，到底还是破碎了，那个聪明的孩子，也与现在的她之间相隔了一个青春的距离。但我衷心地祝愿我的好朋友余婉，在灯笼破碎以后，还能握住一束光亮，从此不畏惧风雨与泥泞，去拥抱风光与辽阔。

愿她终能被命运温柔以待。

幸运在下一个转角

冰与蓝

1

林月半一下课就冲进了女生厕所，然后猛地关上了门，仿佛避开了整个世界一样，长长地舒了一口气，脸上方才还挤着的微笑一点点僵冷了下去。她慢慢地蹲下身，抱住自己的膝盖，眼泪一下子就摔了下来。

上课时新来的物理老师点名时又大声地叫起了："林胖！"这个老掉牙的笑话还是在沉闷的班里激起了不少笑声，班长笑着说："老师，她叫林月半啦。"

林月半也在座位上咧着嘴举起手，"老师，我就是林月半，外号就是'小胖'啦，喜欢你这么叫也行。"

老师看到的是这样一张脸：女孩儿的齐刘海儿遮着

额头，肉肉的脸上两道细弯弯的眼睛，嘴巴一咧露出一排小白牙，透着隐隐的亲和力，一看就知道是那种班里谐星一样给人欢笑的开心果，于是老师也顺水推舟地说："好啊，林小胖同学真可爱啊。"

所以老师一定想象不到她现在委屈地哭的样子。林月半是班里脾气最好的人，永远一脸笑眯眯的样子，像一只圆滚滚的皮球，跟谁都很合得来。再加上她那个容易给人误会的名字，自然而然地成了大家开玩笑的对象，连她自己也经常拿自己的身材自嘲，可是，哪有根本不会在意自己外表的女孩子呢？林月半心再大，敏感的地方也还是会痛，可以的话，她一点儿也不喜欢这样总被人取笑，可是对于一个小胖子来说，忧伤、文艺、气质这些词都与她不挨边，她只能把自己塑造成一个快乐的胖子，即使她其实一点儿也不快乐。

2

放学后的林月半沿着围墙踢踢踏踏地走，日光把她的影子拉得很长，她忽然想要，是人的身体可以像影子一样善变就好了，再也不用因为身材而苦恼。就在这时，她被人叫住了。

林月半立刻换上了习惯性的微笑，回头去应时才看见，身影的主人是班里的路惜阳，有着影子一样颀长苗条的身形的女孩儿。她散下来的长发微微拂动，眼角眉梢都是风轻巧吹过的痕迹，就像是漫画镜头主人公出场一样的自然而美好。

林月半咽下了一口口水，不同于她的好人缘，路惜阳可算得上是所有女生的公敌。她在这所高中里也算得上是知名人物，不过是负面的那种。路惜阳是那种注重自己仪表人气胜过学习的人，公然逃课考低分，还敢跟老师在班里吵起来。本来校规要求每个人都必须穿校服，却只有她私下里把校服改成了修身版，所以在其他人都套着臃肿的"地球防卫队队服"时，只有她一个人显得那么优雅抢眼。她和班里的男生都打得火热，却成了所有女生眼里最不屑的人物。她们说她太随便太张狂，和人玩暧昧，却谁都听得出来，那些风言风语里藏着多少无法明说的深深嫉妒。

所以林月半想了半天也不知道那么扎眼的路惜阳干吗来找自己。她友好地问："请问，是叫我吗？"

"是啊，林月半，你帮我一个忙吧。"路惜阳盘着胳膊点点头，语气不是疑问也不是请求，林月半觉得就连路惜阳颐指气使的样子都没法让人讨厌，有着那样亮闪闪的外表还真是好啊。

路惜阳递给林月半一个DV，让她帮自己拍一段录像。放学后的夕阳下，少女在三月初绿的树荫下仰头，剪影被描上了一圈浅浅的金光，双手自然地插在兜里，合身的校服让人想起碧蓝天空上纯净的白鸽羽毛。她的目光无焦点地飘向前方，随便一个眼神的流转都足够让人心疼起来，林月半觉得在这么阴凉的环境下，自己的脸庞却微微发烫起来。镜头里的路惜阳只是无目的随意走走，一句话也没说，却连举手投足都自成风景，林月半也就这样跟在她身后安静地举着DV，一直拍到手臂举累了之后。

路惜阳瞪着眼睛看着林月半帮自己拍完的录像，眨了眨眼就笑了，"月半，你拍得好棒啊，把我显得那么好看！能拜托你再拍一系列吗？"

林月半下意识点头的一瞬间，后悔就油然而生了。这可不是什么有趣的工作，她无比清楚自己刚刚举着DV时心里隐隐的自卑，可是谁让她这么好说话，根本不懂得拒绝别人呢。

3

林月半握着书包肩带走进班级时，总会无意识地往右边瞥上一眼，那边靠窗的位置坐着陶浅。他总是习惯趴在桌子上闭着眼休息，阳光倾泻在他深褐色的软软头发上，看得人眼睛痒痒的，很想上去摸一把。林月半第一次来高中时问话的对象就是陶浅，她还记得当时的他半眯着眼，想了一会儿才搔着后脑勺说："高一（3）班啊，不是和我同班吗，跟我走吧，我带你去。"

　　就是从那句起，林月半就记住了这个特别的男孩儿，他慵懒的气质像极了一只叛逆的猫咪，那只猫咪在她心里留下了一个脚印，那里就软软地塌了下去。

　　可她的目光还没定下来，就看见路惜阳走上前轻轻拍了拍陶浅的后背，"喂，作业写了吗？借我看看。"今天的路惜阳梳着歪辫，透着一股的调皮可爱劲儿。那么自然而然的亲昵举动，可以完全无顾虑，也不需要顾虑，因为陶浅起身揉揉眼睛就笑了："别总这样啊，下次我要看着你写，哪里不会问我就好了。"

　　林月半低下目光，手里的肩带握得更紧了一点儿。可下一秒路惜阳就喊起来她："月半！你来了啊！"

　　班里的目光唰地集中到了这边，林月半尴尬地咧了个嘴笑笑算是回应，路惜阳欢快地跑过来挽住了她的胳膊，"昨天真是谢谢你啦，今晚陪我去公园吧。"

　　陶浅眨眨眼，"你们俩在计划什么？"

　　"秘密！"路惜阳冲他吐了吐舌头，她仅仅是挽着林月半的举动就足够大家惊讶了，毕竟两个人的感觉相差得太远，谁看到都会跌眼镜的。回去时林月半的同桌拽了拽袖子说："喂，她找你干什么？"

　　"让我帮她一个忙，没什么大事啦。"林月半把书包放下来。

　　同桌撇撇嘴，"你啊，还是这么好说话，离那个女生远点儿啊，大家都说她很有心机的，别是看你好欺负，在利用你罢了。"

林月半往那边看了看，路惜阳还在和陶浅打哈哈。她讪讪地冲同桌点了点头。

4

学校里的时间就那么点儿，路惜阳一黏上自己，林月半就觉得自己的时间都被她占据了。虽然她友好地给自己塞橘子、聊天，可林月半却清楚地知道自己的笑脸其实有多别扭。和路惜阳接触得多了，林月半才开始一次又一次惊叹于她的美丽，她是那种指出自己优点时带着坦荡荡的童真的人，从不否认自己的漂亮，即使不写作业也要赶时间梳个好看的发型。路惜阳角落里的座位虽说清净，可总有男生来顺便打招呼扯上两句。其实这样的女生一点儿都不寂寞，那种众星捧月一样的感觉真的让人挺享受的，只能作为观众的林月半这样想着。

只是她不知道那一段段的录像要做什么用，她们去校园、去公园、去经常走的每一条街道，拍出的影像却根本连不成哪怕一段故事。路惜阳在画面里一直是淡淡的微笑，一句画外音也没有，那副神情像是空谷里传来的风，透着凉凉的寂寞感。虽然一离了镜头，路惜阳就能马上又换上光鲜漂亮的笑，讨好地说要去请林月半吃冰淇淋。

不过认识了路惜阳之后，林月半最开心的事就是她终于有机会接近陶浅了。原来他和路惜阳在同一个小区长大，算得上是所谓的青梅竹马，所以那些宠溺的笑都有了根据。

林月半总觉得，世上怎么会有路惜阳这样的人呢，她怎么可以这么幸运呢。接近了才知道，陶浅本来的个性和想象中的慵懒并不一样，他其实是那种暖男型的男生，虽然话不多，可每一句都融着浓浓的细心和关怀。路惜阳黏上林月半之后到哪里都拽着她，陶浅也只好开始熟悉这种三人模式，见到林月半之后点头微笑，随意聊上几句。这一个星期以来他们说过的话，竟比之前一年说的话还多。

而林月半也能感觉，自己身边的氛围比之前冷了很多，女生看她的目光多少多了点儿意见感，同桌提醒她了几次后也懒得再跟她说，大家看她像看着一个任人利用使唤的傻丫鬟，恨不得早点儿看到她吃苦头的结局。可林月半感觉路惜阳其实不像大家想的那样，虽然爱漂亮是真的，可是根本看不出她像传言里那么自私嚣张。与其张狂，不如说成是任性，路惜阳其实挺黏人的，去哪里都想让自己陪着。更多的时候，她还是个会在听到林月半夸自己好看时微微红着脸，却还是会笑着接受的可爱女生罢了。

路惜阳一定不会利用自己的，至少当时的林月半是那么想的。

5

周末的一天，身为宣传委员的林月半来班级画新的宣传报，打开教室的门时却发现陶浅已经坐在里面了，她紧张着一颗心，小声上前说："嗨，你也在啊。"

陶浅抬眼冲她笑："是啊，老师叫我来帮忙批考卷。"

好难得的闲聊机会啊，林月半在自己的脑袋里拼命想着话题，才听见陶浅说："对了，最近你和惜阳挺熟的啊，她每天晚上都拉着你去干吗啊？"

果然，这才是他们之间最合适，也是唯一的话题啊。林月半有些失望地说："之前路惜阳跟我说那是个秘密，不让我告诉别人的。"

陶浅眯着眼转起了手上的笔，"那家伙还是这么鬼精灵啊，谁知道她又在打什么主意呢。"

林月半咬住了嘴唇，脑袋里的某根神经跳了一下。

"她还跟我说，过段时间要送我一个礼物呢，我会好好等着那个惊喜的。"

林月半忽然怔住了，她忽然明白了那些录像里优雅的映画是留给谁的，而自己正一直任劳任怨地当一只小蜜蜂，帮一个忽然黏上自己的漂亮女生，送一份最好的礼物给自己最喜欢的男生。她的双手捂住了自己的心口，那颗缓慢跳动的心脏像是被放到了真空的罐头里，再这样下去，再一直讨论路惜阳的话，她觉得自己会疯掉的。于是她用全部的力气继续展露慈慈的笑脸，"这样啊，没准还真是一个惊喜呢。陶浅，原来你笑起来这么好看啊，刚开始认识你时，看到你眯着眼的神情，我还以为你是一个慵懒型的人呢。"

陶浅轻笑一声，"那只是平时的我对那些提不起兴趣罢了。"

一句话就足够打碎林月半心里最后一片可怜兮兮的希望了，自己也和这个无趣的世界一样，被他归到了"那些"的分类里。只有路惜阳是特别的，配得上他体贴的微笑。可自己却还在一直傻傻地憧憬着，指望着有一天她的猫咪王子会喜欢这个胖墩自己呢。

多么美的白日梦啊，呵呵。

6

放学后的林月半没有拿DV，她一直笑眯眯的脸第一次阴沉下来，定定地看着路惜阳说："陪我说一会儿话好吗，我一直想和你好好聊聊呢。"

林月半控制了好一会儿心情，坐在草坪上的下一秒就把脑袋埋在了臂弯里，"路惜阳，你知道吗，虽然我每天看上去都乐呵呵的，可我一点儿都不开心。我恨死自己的名字了，总觉得我爸妈是闹着玩儿的才这么叫我，每次被人说时心里其实都难过得要命。其实小时候的我一点儿都不胖的，可是爸爸妈妈对我的要求却总是那么高，我是个笨小孩，怎么努力也考不到他们心目中理想的成绩，所以一直很难看到他们的笑脸。只有每次吃饭时，当我把碗里的米饭都吃光，他们才会赞许地夸我一句'吃得真干净'，所以我每次都努力吃净每一粒米，也慢慢地把自己吃成了一个小胖子。我就是这样，一直努力博得别人的好感，一直委屈自己，所以你来找我时我还很惊讶，怎么会有人来和我做朋友，可你其实，也只是希望我帮你忙而已吧……"

林月半越说越哽咽，可她抬起头时却看见，路惜阳还是目光静静地飘向远方，脸上没有一丝表情。她半晌才说："我知道啊。"

"那次你去女生厕所哭的时候我就知道了。当时的我就藏在你左边的位置里，清楚地听见了你小声的哭声。那时我才知道，原来大家眼里开心和煦的林月半也有不为人知的难过啊，不就，像我一样吗？"

路惜阳缓缓地转回头，脸上是浅浅的微笑："你还有对你有所期望的爸妈，可我爸很小的时候就离开了我。我妈妈爱工作胜过了爱我，我家里很宽敞漂亮，却冰冷得没有一丝人情味。不管我考多少分，在学校过得怎么样，她都没心情关心，不管我怎么叛逆，还是换不来她哪怕一秒目光的停驻。

"其实我也听得到大家的流言风语，我也很过分吧，拉着你跑东跑西，却还是在忙我的事。因为我妈妈决定今年要重新嫁给一个叔叔，带我离开这里了。可是我再也不想这样没意义地跟着她了，所以我决定把自己的影像录下来，剪辑一段视频留给她和几个熟人做回忆，然后就开始一个人的旅行。我什么都没有，所以也不怕失去。可是还好，当时我拜托了你。之前我真的觉得自己过得挺失败的，我的心里话根本不能说给那些男生听，可身边却连一个好朋友都没有，女生看我的眼光永远带着异样，根本没有一个人愿意好好地帮帮我，听我说说话。正好你在那时出现了，我知道世界上有一个能理解我心情的人在，还好有你温柔地听我说话，陪着我跑东跑西，让我觉得被人珍惜原来是这么让人开心的一件事啊。我想清楚了，原来自己那些出格的行为都是为了吸引别人的注意力，可现在有了最好的朋友的我，再也不需要那么做了。我不会再想着一个人离开了，人真要给幸运留一点儿时间呢，遇到你，真是我的幸运。"

路惜阳抱着林月半的肩膀，所以林月半看不到她哭泣的样子。林月半愣了一会儿，只是把藏在衣兜里的手伸出来，紧紧地回抱住了她。

7

两个月以后，路惜阳跟着妈妈离开了这座城市，临走那天，她抱着林月半足足停了十分钟，一句话也没说。

没了路惜阳这条连线，林月半和陶浅两个人之间生疏了很多。不过还好，黑压压的高三已经到了，林月半把自己埋在了习题集里，堆在右桌角那一摞高高的参考书让她看不见陶浅的身影。她把自己扔进习题堆里，认真地去背那些大段大段的说明文字，没有时间去为别的事情分心烦恼了。

直到有一天，她回头时在别人的小镜子里瞄到了自己的脸，才忽然愣住了。

因为胖，她从来不喜欢照镜子，让她现在突然看到时，一下子竟没认出来。里面的女孩儿眼睛弯弯，脸蛋儿透着微微的婴儿肥，眼神羂羂如月光，虽说没怎么打扮，发丝略显凌乱，可那种自生的清纯气质是谁也学不来的。

林月半惊讶地捂住了自己的嘴，她变瘦了，也比之前漂亮好多。她想起路惜阳告诉自己，要给幸运留一点儿时间，而现在这么拼命努力的她真的在不知不觉之间瘦下来了，她终于等来了自己的幸运。

想起路惜阳，林月半才有些难过地合上了眼睛。有一件事她一直没告诉过路惜阳——其实那天她说的苦恼，都是骗人的。她只是喜欢吃零食罢了，胖起来才用不着让自己那么辛苦。之所以那么说，是为了套出路惜阳心底的秘密。

那天听到陶浅的心意的林月半，难过得直接哭了出来，她觉得自己真是被利用了，只是一直在做路惜阳的陪衬罢了，于是她告诉了同桌，我难过了，真的受伤了，她真像你们说的一样坏啊。

听着林月半的话而聚起来的女生们觉得像是自己的预言实现了一样得意，大家一起为她出主意，教她要学着有点儿心机，报复回来才行啊。用弱点换出别人的弱点，可是女生谈心时最经常出现的桥段。

所以那天林月半的独白只是一群女生们一起想出来的谎言，用来换出路惜阳的真心话，然后抓住她的把柄罢了。林月半藏在衣兜的手里握着开着录音功能的手机，可后来，那段录音她从没给任何人听过。她只是在想念那个叛逆也脆弱、任性却温柔的女孩儿时，一个人安静地再听一遍。

还好，她听见了她的心声，理解了镜头里她的寂寞感，也感受到了落在自己肩膀上那颗温暖的眼泪。还好路惜阳的真心话洗掉了自己心里阴暗的那一部分，让她学会不用再那么在意别人的目光言语，而是开始珍惜自己，而幸运，也真的来了。

林月半抱着小镜子在心里安静地说：丫头，以后你也要好好的啊。希望我下一个幸运，是能再次遇见你。

盛 夏 流 年

盛 夏 流 年

安小熊

1

我，白芙笑，出生在一个重男轻女的家庭里，这一点，我十分明白。

我的童年是和外公外婆一起度过的，生活在农村里。直到小学一年级，我的父母才将我从农村接回城市。

之所以把我放在农村，是因为以前家庭条件不好，我和孪生弟弟只能选一个安置在城市抚养。在一家人都很重视男孩儿的情况下，我在什么都不知道整天傻乐的时候，被外公外婆接回了乡下。

在农村的时候，目所能及的都是青山绿水小桥流水人家，村民之间都很热情，互相照顾。

那时我真认为我是这个世界上最幸福的人。

回到城市的家后，我发现我那只是妄想。我的弟弟，白凝远，就像一面镜子一样，让我看到了在这个家庭里备受冷落的我。

父母一向对我很少过问，他们都把自己的宠爱给了弟弟。

2

我发现最让我开心的便是一家人因为弟弟调皮的事情而头疼的时候了。弟弟人生中的第一次与别人打架，是我挑唆的。

我是个疯子吧？也难怪，在这样饱受漠视的家庭里，人格不扭曲就奇怪了，毕竟，我可不是什么圣母。尽管后来的后来，我才发现自己当时是多么的幼稚，并且毁了弟弟原本应当安然度过的青春年华。

那天他和邻居的小孩互相打得鼻青脸肿，死死地掐着对方的脖子不放开，瞪着滚圆的眼睛，脸上十分狼狈，看起来很可笑。直到双方的父母来了，硬扯着才将他们分开。

因为什么而打架也记不清楚了，只记得那天，母亲把弟弟带回家上好药后，父亲怒气冲冲地提着弟弟，走进了书房，将门狠狠摔上。接着，便听到父亲愤怒地训斥弟弟的声音。

母亲不安地坐在客厅的沙发上，时不时地看向书房，看看门有没有开，他们有没有出来。她敲了好几次被锁上的门，却都没有回应。

我也在卧室里，偷偷地观察着外面的情况。

我有些忐忑不安，因为我知道，这件事若真的要追究起来，也有我的份。

但出乎我的意料的是，当我听到外面有动静，悄悄地打开门的一角，瞧见父亲黑着脸出来，后面跟着灰溜溜的弟弟，而我发现，弟弟似乎并没有把我供出来，因为整个晚上，父亲都没有与我说过话。当然，这和往常一样。

当时，我的心里有一丝愧疚，并且还升腾出了点儿对弟弟的感激，但很快被嫉妒的洪水所湮灭这点儿火光。

如果不是他的话，我应该和我的同学一样，享受着父母的宠爱，而不是备受冷落。

我冷漠地关上门。

3

我不得不承认，这个家里对我最好的非属我所嫉妒憎恨的弟弟了。

我窝在沙发里，悠闲地看着手里的小说。

"咚咚咚"，传来敲门的声音，不等我回答，那人就推门而入。

不用说，肯定是弟弟。

"姐。"

白凝远笑得灿烂，站在门口对我喊道。他的手里抱着一个粉红色的纸箱子，应该不算太重。

"凝远，有什么事吗？"我抬眼，柔声问道。你别说，在表面上，我对弟弟还是很温柔的，完全看不出一丝嫉妒的样子。

他走近了，神秘地晃了晃手中的箱子，"猜猜看，我手里的是什么东西？"

我放下手中的书，眨了眨眼睛，"新出炉的漫画？"

他得意地摇了摇头，"不是，是你最喜欢的东西。"

我试探着问道："难道是，面膜？"

他将箱子推到了我的怀里，"猜对了！喏，送给你的。"

我愣了一秒，随后惊喜地垂眸盯着粉红色的包装精致的箱子，迫不及待地拆开它，也不忘了向弟弟道谢，弟弟笑眯眯地站在一边。

三下五除二地撕开包装纸扔在一边，里面装着满满的面膜。各种品牌的都有，甚至有很多价格不菲。父母经商成功后，给我们最多的便是零花钱。

"你从哪儿淘到这么多面膜的？哇，这个还是韩国进口的！好棒！"我大呼。

他挠了挠墨黑色的头发，随后将手习惯性地插在裤袋里，"我一个同班同学去韩国玩的，然后我让他给我带了点儿东西。"

"这么多面膜，一定花了不少钱吧？"我仰头，笑道。

"还好啦，只是花了一个月的零花钱而已。那我先走啦，不打扰你了。"弟弟不在意地说，走出了房门。

看着被他关上的房门，一切归于寂静。我放下箱子，盘着腿，坐在沙发上，叹了口气。

正值六月，阳光好得出奇，清新的空气不时随着暖风吹进房间。

我单手撑着下巴，盯着那粉红的箱子，五味交杂。

4

有时候，我真希望他再对我漠视一些，这样我就会彻彻底底地恨他。可现实是，他总是对我很好，把最好的东西留给我，生日时送给我喜欢的唱片，和朋友有了矛盾的时候，总可以和他倾诉。

感激的同时，我又没有办法不恨他，所以这些年里，我在背后做了不少伤害他的小动作，他一概不知。

在学校里，他旷课，与老师顶撞；在校外，他打架，滥交狐朋狗友。

我觉得我越来越担心他，但却又在骂自己，他这样不是正合你心愿吗？你在家里受冷落都是他的错啊！

每次盯着对我笑得天真烂漫的弟弟，我总感觉自己有人格分裂症。

是了，就像是有两个人格一样。一个人格却叫嚣着随他堕落吧。但另一个人格，却止不住地去关心他。

尽管我总是喜欢伤害他，但却总是忍不住在他坠落悬崖的时候，拼尽全力将他拉上来。这一点我自己一直不肯承认，很多年以后，我才接受了这个事实。

我真是个矛盾的人。

5

弟弟又惹事了。

天空像被打翻的装满黑色颜料的调色盘似的，一轮寒月寂寥地守在夜空的一角。

上完晚自习，已经九点半了。

我揉了揉一直埋头做作业而酸痛的眼睛，收拾好座位，准备离开。

每天晚上放学，都是母亲开车来接我和弟弟。母亲打来电话，让我到教导主任办公室去等会儿。不用说，肯定是因为弟弟的问题，现在母亲正在拉着弟弟聆听老师的教诲。

果真是如此。

小心翼翼地推开门，注意到教导主任坐在办公桌前，母亲拉着弟弟，不住地点头。他们没有注意到我，反倒是弟弟看了我一眼，随后又飞快地转过了头，头往毛衣里缩了缩，手不自觉地插进了牛仔裤袋里，似乎有些不好意思。

背着书包，我闲着无聊，便听着他们的谈话。

"你们家白凝远真是该好好管管了，学业烂泥扶不上墙也就算了，但也别影响其他女生啊！现在是高中，学子的命运就在这短短的三年，要知道，高考失败，那这一辈子就等于毁了啊！人家女生本来在班上成绩还不错，冲一把劲儿还能上211大学。这倒好，被你家儿子这么一影响，成绩立刻退步了十几名！早恋是现在玩的吗？"

听了个大概，我也明白了是怎么一回事。原来是弟弟早恋了啊，仔细一想，早恋这好像还真是第一回，以前都是因为打架之类的。

不过，我也觉得这很正常。弟弟本身相貌就不错，可以称得上帅气，而且又是学校里的不良少年，要知道，现在很多女生都喜欢那种痞痞的男生，虽然弟弟现在已经没有以前那么好惹事了，但气质还是改不掉。当然，我不是刻意在贬低弟弟。

出于好奇什么样的女生会被弟弟吸引，回到家后，我啃着苹果走到他的房间里问了他。"隔壁班的简雅婷。"

说到那女生的时候，弟弟不觉有些脸红，微微一笑。

"名字不错。"我咔擦咔擦地咬着，点了点头赞美，猛然，我似乎想到了什么，眼睛一瞪，不敢置信，"你说什么，简雅婷？"

6

是谁不好，偏偏是简雅婷！

我说过，我是个矛盾的人。既希望弟弟堕落，又不忍心看到他处在人生的迷宫中而丢失了正确的方向。

才上高一的时候，弟弟经常旷课打架，在矛盾和纠结中，我给弟弟写了一封信，洋洋洒洒地写了几千字，主题始终围绕着"少壮不努力，老大徒伤悲"，不要给青春留下遗憾。

那简直是比写议论文都费劲儿。然后，我把它装进了一个素雅的天蓝信封里。

但是，怎么把这封好心却烫手的信送出去，却成了难题！第二天晨读的时候，一想到这封热情洋溢的信，我就闹心。就在我无比纠结的时候，突然坐在光秃秃的杨树墩上的女生，吸引了我的注意力。

这么早起还这么认真读书的女生，一定靠谱。我便走过去，问道："同学，麻烦你一件事。"她抬起了头，神情淡漠，但却面容姣好，脸蛋秀气。

那是我第一次见到简雅婷。

7

得知弟弟早恋的事情后，全家如临大敌，周末也把他困在家里。弟弟无聊地在客厅摆弄电视遥控器，难得他这么消停，我趁机打听打听他和那个爱钱女是怎能认识的，若是弟弟一时瞧人家漂亮鬼迷心窍，我想我还是能劝他回头的。

可是，我错了。说起简雅婷，弟弟的神色蒙上了平常很少见的认真，他说，"雅婷她是一个很温暖的人啊。你也知道，一年前的时候，我只知道打架，不务正业，对学习不以为然。但，每次我闯祸之后，总会收到一个天蓝色的信封。渐渐的，我明白了自己的行为是多么的可笑。后来，我慢慢地改掉了身上的恶习，认真地重新回到了学校。不过我发现，自从我不惹事后，再也没有收到不知道谁寄来的信。我很着急，想知道到底是谁帮助自己的，于是就故意犯了一个错误。以后的每天，我都偷偷藏在邮箱的墙后面。"

"然后，我就发现了是雅婷。"弟弟的语气里有难得的温暖与快乐。

而我，只觉得周围的一切很恍惚，像梦一样。对，就是梦，梦又回到了我看到简雅婷的那一瞬。

那天，她抬起脸看着我，神色淡漠。

"有事吗？"她薄薄的嘴唇因为寒冷有些发白，接近于她白皙的肤色。

"呃……我想请你帮个忙好吗？很重要也很着急！"我诚恳地看着她如墨的大大的眼眸。

"五十。"

我疑惑不解，什么五十？

似乎看出了我的迷惑，她解释道："帮一次忙五十元。"

"……不至于吧，我只是想让你帮我送一封信，这也五十元吗？"我惊讶地大喊。

"那就算了。"她又重新垂眸，语气里似乎有些失望，甚是惹人怜爱。

一半因为想快点儿把信送出去，一半可能因为对方是美女，我妥协地说："好吧好吧，你去吧，五十给你！"

绿色的钞票连同信封一同交给了她，我转身飞奔着离开。

坑弟啊这是！

我没想到，后来一次的体育课上，我又遇到了简雅婷，还是她先和我打招呼。

简雅婷和我的第一句话就是："你最近有信要送吗？"

我愣了一下，想到弟弟最近又惹事了，就随口回答道："最近啊，当然有啦。"

"让我去送。"

她简洁明了的话让我笑出了声，"你送一次就五十元，我又不是钱多得没处花。算了吧，我还是找别的人。"

刚想走开，耳畔传来她依旧清冷的声音，"那个人是你弟弟吧？"

我顿住了身子，转过身来，注视着她漂亮的面孔。

她双手环胸，冲我扯开了一个微笑，声音消失在寒冷的空气里，"你不要我送，我就把这事告诉他。你肯定做了什么见不得人的事，不想让他知道吧。要不明明是自己的亲弟弟，同在一个屋檐下却还要别人送信呢？"

我忍不住破口大骂，但还是制止住了。见不得人？呵呵，我做的可是一个拯救祖国大好花朵的事情！不过后面这个不想让他知道，简雅婷倒是说对了，对于弟弟，我总是像见不得光的老鼠一样，偷偷地关心。是因为，我对他血浓于水的爱与嫉妒互相冲撞而不想承认。

在年少的彷徨中，这真是别扭的内心。

我咬了咬牙，居然点了点头，"行！以后就都找你，不过你可千万不要说出去！让我弟弟发现了，我要你好看！"

可能她也发现了我只是一个纸老虎，光会说些吓唬人的话，嘲笑般地看向我。

8

简雅婷，信用是不错，没有将我的秘密泄露出去。可我怎么能让弟弟喜欢你这样的拜金女呢？

"你现在还和她交往吗？"不知不觉中，我的声音有些严厉。

弟弟漫不经心地说："肯定啊，我这么喜欢她，而且她也喜欢我，怎么可能不在一起。只是，她的家人不同意，从上次双方请家长后，我们都是偷偷地在一起。"

笨蛋，她是喜欢你的钱！

"和她分手吧。"

我可以想象，这五个字就像一块重重的石头，由岸边的人使劲儿向湖中心砸去，泛起巨大的涟漪。

"姐你说什么呢？"他的目光终于从电视转移到了我的脸上，我看到他乌黑的瞳仁一动不动地盯着我，写满了震惊。

我大声喊出来，甚至连我自己也吓了一跳，"我让你和她分手啊！你知不知道，因为你的任性，她原本可以考上重点大学，毕业后安安稳稳地度过自己的人生！而不是为了和你在一起，为了那简单的喜欢而断送了自己的前途！你不觉得你很过分吗？为了一己私欲，为了那无知的喜欢，而影响了一个女孩儿的人生！"

我又咬牙切齿地补充道："你真是个自私的人，我为有你这样一个弟弟感到羞耻。"

说完这一番话，我都有点儿不敢相信。我苦笑，明明是为了他好，但却不想毁掉他心中的美好，自己却做了恶人。

他静静地站起来，我无法看清他的表情，但是，冷漠的声音却像刀子一般清晰地传到我的耳朵里。

"姐，我从来没有想到，你是这样看我的。但是，你以为我不知道吗，你从小就嫉妒我、恨我，所以我尽我最大的努力给你我所能给予你的所有，你的什么要求我都会答应，而你却一副心安理得地享受，从不为我做什么。难道，你就不自私吗？"

我的表情瞬间僵硬，原来他早就知道了。我自以为掩藏的一丝不露的肮脏的嫉妒，他早就知道了。

看着他离开的背影，心撕裂般的疼痛，就像原本结痂的伤口，被人一下子揭开，露出血肉模糊但也是最真实最残酷的本质。

居然有想哭的冲动，想把一切都说出来，告诉他我也不想这样做。他说我什么都不为他，我现在不就是为了他吗！

但是，我的自尊我的骄傲不允许我这样。

它让我等，等着哪天弟弟会发现自己的错误，来向我道歉。

也许，我这一辈子都要败在该死的自尊心上吧。

9

唯一让我感到有些安慰的是，弟弟真的和简雅婷再也没有了联系，连老师见了妈妈都忍不住夸他。

但是，他也始终没有发现自己的过错，简雅婷并没有告诉他，其实一直给他写信的人是我。

而我，在这个家里唯一的温暖，却被我亲手掐灭了。

弟弟可能是真的对我失望了。

他与我形同陌路，见了面连一声招呼都不打。在家里，他避免与我见面。放学时为了不与我直接碰面，不再坐车回家，而是不顾妈妈的反对在飘着雪的时候骑着自行车。

今年的冬天可真冷。

往常都没有这么大的雪，一连下了好几天，雪花像鹅毛一样落下，落进了我的心里，好冷。

半年过去了，我迎来了高三。

在孤独中，疲惫的时候抬起眼，灯光明亮的教室下，一眼就看到了用红色的粉笔写在黑板上的数字，苦涩一笑，又迅速埋下头，与手中的试卷奋斗。

油漆斑斑驳驳的课桌上，堆满了各科的试卷。洪水猛兽般，要将我吞没。但，一想到，上了大学就意味着远离这个感受不到爱的家，我就立刻有了动力。

在弟弟的冷漠与学业的压力下，我奋发图强。至于那弟弟很久以前送给我的面膜，闹翻后我再也没有碰，放在了抽屉的最里面，压在了那我现在所厌恶的天蓝色的信纸上。以后回想起来，那段日子真是昏天黑地。

凭着这不要命学习的努力，我高考大获全胜，弟弟也考上了一所普通的大学，这对他来说已经是万幸了。

填志愿的时候，我偷偷在表格上改掉了原本与父母商量好的本地大学，选择了一所里这里几百公里的南方大学。

我真是受够了这里寒冷的冬天，也许，只有四季如春的南方才能治愈我千疮百孔的心吧。

接到通知书的那一刻，父母依旧淡定，仿佛女儿随意改填大学只是一件芝麻大的小事。

我自嘲，也对，我在他们心里本来就不重要。

伪装的笑颜里只有我自己才能读懂其中的悲哀。

倒是弟弟有些震惊，但随后便也一切如常。

看，这就是我的一家。它就是，我改填志愿的最重要的原因。

我真是懦弱，认为唯有逃得远远的，才不会被曾经的这一切再次伤害。

在新的地方，把过去的所有伤心，通通埋葬吧。

飞机越飞越高，我对深深地俯视故土，随后靠在软式沙发座椅上，闭上眼睛。

在走之前，我在客厅的餐桌上留了一封信。写那封信的时候，我波澜不惊，直到最后一个句号写完，有一丝抽痛。

上面记录了这几年来我在家里的不甘，痛苦，以及失望。

信的最后，我写了两个对不起。这两个对不起，也只有我和弟弟才知道，这可能是我们之间一辈子的秘密。

天蓝色的信封，以及那粉红色的箱子，被我遗留在了家里，没有带来。我怕看到它们我会心痛。

我没想到的是，第二天早上，我刚到达大学，接到了父亲的电话。

他向我对这些年的忽视道歉，并说他们是因为我很懂事，所以才极少过问我。

我轻轻笑了，感觉到心里的坚冰有了一点儿裂开的痕迹。

只是，心里还有个心结未打开。

大学里，我想通了很多事情。我不再像之前那样矛盾，爱便是爱，恨便是恨。我终于敢于承认了对弟弟的出于一个姐姐的爱。我不再将自尊心看得很重，那样只会伤了自己伤了别人。

年少时的愁云烟消云散，在茫茫大雾里，我渐渐走出来。

金色的阳光洒向大地，镀上了一层金边。明明还是三月，但在南方，就已经很温暖怡人了。

下午的闲暇时光，我躺在学校的草坪上，和好友一起聊天。温柔的阳光抚摸着脸颊，真是舒服极了。

手机提示短信，我打开一看，竟然是已经尘封了好久的联系人上显示的"弟弟"发来的：姐，我错了，对不起。

身边的好友喃喃自语："好温暖啊。"

我微微一笑："是啊，真的……"

好温暖。

迷 溺 之 夏

影子快跑

1

刚出生的时候，我得了一场大病，病愈后医生叮嘱妈妈，千万不要让我下水游泳，于是妈妈从小就叮嘱我，绝对不可以去游泳，否则我就会死。虽然那时候的我对"死"还没有什么概念，但也知道人死不能复生，死了就不能看到明天的动画片了，所以我从来没下过水，就连洗澡时坐在浴盆里久了都担心自己会不会溺水而死。如此一直过了许多年，当我长成了一个不小的孩子，并在夏果街的小屁孩之中占有一定的地位时，我却惊讶地发现，那几个忠心于我的小伙伴竟然都会游泳。

我无法不感到深深的失败，作为他们的意见领袖和学习楷模，我竟然不会这个他们都拥有的技能，这简直是不可容忍的事。后来突然有一天，小伙伴土狗告诉大家说他在另一个小区发现了一个游泳池，并且没人看守。当时正值炎夏，小伙伴们听到这个消息纷纷振臂高呼：去游泳！去游泳！看到大家的劲头，我也只得讪讪地跟着举起了拳头：好！去游泳！

　　第二天，我们游泳小战队一行在土狗的带领下，经过数次峰回路转柳暗花明之后，终于来到了目的地。看到"游泳池"时我对它原本的幻想破灭了，那不过是一个水泥建成的水池，不仅池水没有"清澈见底"，水面上还漂浮着一些垃圾。但在炎热的驱使下，小伙伴们已经急不可耐地把衣服脱了精光，一个个"扑通""扑通"地扎进了水里，我看着他们在水中欢快嬉戏的样子，妈妈的叮嘱早已抛之脑后，我脱掉衣服后心里出现了一个问题，我曾经在电视上看过一个游泳比赛的节目，选手们的泳姿花式各异，所以等会儿我是蛙泳好呢，还是蝶泳好呢？但我还没想好就被一只手推了下去，我像一块巨石般掉进水里，激起的水花溅得几个小伙伴咯咯地笑，脑袋露出水面后我深深地吸了一口气，小伙伴们四散游走，这时我才发现，什么蛙泳蝶泳，我连狗刨都不会。多么悲伤的事。

　　但很快我又欣喜地发现，我没有溺水，更加不可能会死。于是我便试着去追逐游得最快的土狗，当我追上他时他看到我奇怪的泳姿，告诉我：你还可以用跑的啊。我这才恍然大悟，原来水池太浅，我的双脚直接踩在池底，所以我自以为的游泳不过是在水里走路而已。又是一件多么悲伤的事。

然而，尽管如此，我还是"游"得不亦乐乎，和小伙伴们一起打水战，轮流爬上岸又"扑通"一声跳进水里，比赛谁憋气的时间长。直到太阳掉入西山，我们才爬上岸，恋恋不舍地穿衣服回家。回家的路上，有个坐在门口拣菜的大婶问我们去哪里游泳了，我们对她做了个鬼脸，"关你屁事！"再拍拍屁股就走了。分别时，大家约定好明天到空地打弹珠，便各自回家吃饭去了。

回到家，妈妈问我今天去了哪里，我说和土狗一起打弹珠，妈妈转身走进厨房后我偷偷摸了摸头发，幸好已经干了，心里暗暗松了一口气。然后我回到房间挑了几颗我最"得力"的弹珠，作为明天出征的将士。打弹珠是我的强项，一想到明天又可以在小伙伴面前一展雄风，我就期待不已。

2

不料第二天我却没有去成。当天晚上，我看着电视就发起了高烧，吃完药后，我躺在床上，睁着眼睛开始思考一些事情。我不知道是不是因为没听妈妈的话遭到了报应，我想起了医生的叮嘱，但我却丝毫不把它放在心上，我不相信我会就这样死掉。我想起了我的一个叔叔，他在去年的清明节因为车祸死了，爸爸妈妈从电话里得知这个消息后默默地流了很久的泪，我却丝毫不为所动，甚至还在一旁哼着当天音乐老师所教的少年先锋队队歌，我知道发生了什么事，只是感受不到。我看了看右手腕上的长命锁，那是我出生不久时叔叔送给我的，现在我却再也见不到他了，虽然本来我对他就没有什么印象，但看着这只长命锁，我终于还是感到了一丝悲伤。因为我的脑袋有一点儿昏沉，所以我应该正在悲伤，这就是悲伤的感觉。

第二天，我一觉睡到了中午，赶到空地时却发现一个人也没有，我走到土狗家楼下看了一会儿，屋里没有任何动静，于是我便无趣地回家了。其实我想叫土狗教我游泳，哪怕他只会狗刨式也好，我心里是一直惦记着游泳这件事的，回到家里，我没事可干，心里突然产生一个念头，我可以先从憋气学起。于是我走到卫生间，关上门，用盆子接了一盆水，深吸一口气，然后闭上眼睛把脸埋进水里，心里默默数数，数到20时我实在撑不住了才起来呼吸。土狗说他的最高纪录是35秒，所以我也要憋到35秒，甚至超过他，为此我把客厅的钟拿过来进行计时，第三次的时候我终于数到了35，可当我正以胜利者的表情抬头看钟时，却发现只是过了20秒而已。我很不甘心，重新深深、深深，再深深地吸了一口气，再次把脸埋进了水里。人的潜能都是逼出来的，这次我一定要到35秒，我在心里数着：1，2，3，4……每一秒都像尿急时那样漫长，数到25时，我开始感到胸口发闷，脑袋晕眩，我继续数着：26，27，28……数到30时，我恍惚看到一道强烈的白光，光是从一扇半开的门里射出来的，我向那扇门走过去，一步，两步，三步……34，35，我来到了门前，我只要把门推开就胜利了，我相信这是一次重大的胜利，它将影响我的整个人生，我伸出手推门，却使不上一点儿力气，我感觉自己正在逐渐失去了意识，这时脑海中隐约响起一个声音：阿丸——！阿丸——！阿丸——！有人在呼唤我，而且这个声音怎么那么像土狗……

"哈——"我一个条件反射把头从水中抽了出来，空气马上灌进我的胸腔，我睁开眼睛，洗手盆和马桶出现在我眼前，这是我家的卫生间，我大口呼吸了好久，那个呼唤我的声音还没消失，我匆匆跑出阳台，楼下果然站着土狗。

"还打弹珠吗？"土狗仰头对我说。

"打。"我匆匆带上弹珠跑下楼。

土狗说他昨晚回家就发烧了，一直睡到今天他妈妈出去打麻将，起来后他跑到空地发现一个人也没有，于是便来找我了。我说我也发烧了，刚刚我还差点儿死了，好在你救了我一命。土狗看了看我，笑道，哪有那么容易死。我点点头，认为他说得对，又说，我可以憋气35秒了。土狗却说，35秒算什么，我能一口气游100米。

于是我们来到了附近公园的人工湖，人工湖的尽头是一片荷花池。我们站在岸边，土狗说，这里到尽头起码100米，看着吧，我能一口气游到荷花池，又一口气游回来。我知道土狗是不可能一口气游到荷花池的，我看过游泳比赛节目，职业运动员在游泳池游半个来回就得换气了呢。但我还是说，好，顺便帮我摘一朵荷花回来。土狗说没问题，说罢脱光衣服，"咚"一声钻进了水里。

我看着土狗远去的背影，心生羡慕，心想要是我也会游泳就好了，即使土狗的姿势是那么不优雅，但会游泳就是门本事，万一哪天我掉进水里，又不会游泳，说不定就淹死了，生命多么没有保障。我想我回去一定要说服妈妈，让她带我去问清楚那个医生，证明我是可以游泳的。我做完这个决定，土狗还没回来，我于是喊了一声："土狗——！"没有回应，我又喊："土狗——！"依然没有回应，我又喊："余——土——永——！"这是土狗的名字。

然而水面还是一片寂静。

我看着波平如镜的湖，心里忽的"咚"一声响。我转身就跑，"救命啊——！"

3

我没有救回土狗的命。他淹死了。

土狗妈妈赶到后跪在湖边哭了好久，本来约定打弹珠的小伙伴们也到齐了，他们并排站在岸上，看着尽头的荷花池，不说一句话。妈妈拉着我的手，我没有哭出声，泪水却止不住地簌簌直流。我看着土狗被白布包裹着抬上车，车门关上，引擎启动，汽车绝尘而去。我朝着车远去的方向伸出了手，却感到使不上一点儿力气。我终于明白原来这才是悲伤，就是这种使不上一点儿力气的感觉，这才是悲伤。

土狗死后，听说他妈妈再也不去打麻将了。昔日的小伙伴们还是经常聚集在空地上打弹珠，只是我再也没有了对手，便把所有的弹珠都分给了他们。于是剩下的日子里我仅有的活动就是发呆，或者想念，有时想念送我长命锁的叔叔，有时想念土狗。有一次，我把右手的长命锁摘了下来，偷偷埋在了土狗家门前的大树下，把它送给了土狗。

可是土狗的家人却在立秋的前一天从夏果街搬走了。

4

炎热的夏天终于过去。

我在不知不觉间长高，唇上开始长出青青的胡须，声音也变得沉厚浑浊。

有一天我问妈妈，那个医生为什么不让我游泳？妈妈想了想，说："那时候有个孩子下河游泳溺水，送到医院抢救无效死了，医生就顺带叮嘱了一句。"

我愕然，原来如此。

我突然想起了土狗。

可是我再也不想学游泳。

大多数爱情都伴着疼痛

马佳威

1

梦莎是我大学时的小学妹，也是机电工程系的系花，因为她是系里为数不多的女生之一，唯一能在美貌上与她抗衡的姑娘，据说还转了专业。

事实上，梦莎很抢手，虽然长得不算貌美如花，但也不至于"吓死宝宝了"，所以，在图书馆自习室里，常常有小男生羞涩地过来问她要电话号码，梦莎总是有礼貌地拒绝。我们百思不得其解，不谈恋爱的大学怎么能叫大学呢？

在大学里，唯独不缺肤若凝脂、活力四射的年轻女孩儿，男生们像是在偌大的花园中追逐蝴蝶，一不小心就扑了个空，在梦莎长裙底下栽跟头的，自然也数不胜数。男生们在梦莎这里栽了跟头，转身又投身于其他女孩子，但唯独富一点五代是个例外。

富一点五代懂得怜香惜玉，当他第一次捧着一束玫瑰花出现在图书馆时，引得众人啧啧惊叹。这束花，怎么说也得一个星期的伙食费吧！

梦莎目瞪口呆，说不出一句话来，半天才缓过神，抓起书包跌跌撞撞跑了出去。我跟在她后头追，"哟，好大一束花，看起来好贵的，你不要的话，我帮你拿去卖钱？"

梦莎停下来，白了我一眼，说："都到这节骨眼上了，你还落井下石！"

那一刻，我们大眼对小眼，梦莎的眼神是复杂的，既有哀怨，又有愤怒。我突然有种不好的预感，这下完蛋了，莫非梦莎喜欢我……不过我这人吧，就是注定孤独终生的性格，然后摆出一副不正经的样子，咧着嘴坏笑，"梦莎呀，你若是从了他，那我们这群朋友也跟着你享福咯……"我还把这个"咯"字怪里怪气地拖了很长。

有了我们这种见钱眼开的朋友，富一点五代出手愈加阔绰。隔三岔五带着零食到图书馆看望梦莎，我们也会分到一杯羹。并且哥长哥短地喊得我脚都软了，几次我都想摸着他的头说，你真乖哟……

这小子是个聪明人，知道要想赢得梦莎的芳心，要先赢得她周围人的支持，所以，在他几番表露真诚下——好啦，是看在零食的份上，我们都加入了他的阵营。

但是支持归支持，我们至多也是在梦莎面前为他美言几句，剩下的，就用钱砸吧！

梦莎气急败坏，抢起她手中的书就往我身上砸，无数图书馆的学霸投来憎恨的目光。

"你这孩子，怎么脑子就不开窍呢！"望着梦莎离开的背影，我嘀咕。

2

梦莎在凌晨给我打电话的时候，我正和室友们在阳台上喝酒赏月斗地主。梦莎哭得很凶，鬼哭狼嚎似的：我跟××分了。

我一时没转过来，××是谁？我怎么不知道？

梦莎抽泣着道出了事情的始末。

原来，梦莎在大学拒绝了那么多男生，是因为心底藏着一个人。在梦莎断断续续地回忆中，大致可以还原出那段故事。关于他，梦莎始终无法忘记跟他的最初记忆，那是高二的一次大扫除，男女搭配，梦莎和他搭档，他清瘦，站在桌子上擦窗摇摇晃晃好像一根高高的旗杆，风从窗外吹来，他的 T 恤被汗打湿了，在那次大扫除中，他包揽了一切杂务，梦莎想去擦窗，他火急火燎地冲上去说，让我来；梦莎说想去倒垃圾，他说，让我来；梦莎说想去厕所，他说，让我来。说完尴尬地挠挠头，这个我帮不了你，你自己去吧。

梦莎说，她忘不了那个笑容，这个笑容让她莫名心动，觉得他特有安全感。

"老三，你还打不打牌，不打别浪费我们时间啊。"

大约梦莎在电话那头听见了老大他们催我斗地主的声音，说了句对不起就匆匆挂了电话。再打已经是关机。

我拿起放在脚边的啤酒，心念道，原来梦莎喜欢的不是我，还好我没自作多情。这样想想，我注定孤独终生不是没有原因的。

后来，一次偶然的机会，梦莎把故事的后半段说给我听。我记得那天我们坐在公园的长凳上，风一遍一遍从远方吹来，梦莎的裙角微微摆动。

"刚开始的时候，一看到他就紧张，于是默默地关注他，为了他低到了尘埃，最后我们交往了，之后他却像变了个人似的，很多时候，他都不顾我的感受，跟其他女孩子打打闹闹。那时候我天真地认为，只要对他好，他就会回心转意，就不会离开我。"

"这样的男生怎么会有安全感！"我又气又恼，但是转念又安慰她，"谁年轻时还没爱过几个人渣啊。"

后面的故事，也是我所知晓的，高中毕业之后，两人分隔异地，最终，他在大学到处扑蝴蝶，而梦莎，却为了他，拒绝了所有男生的搭讪，甚至从不跟男生单独出去吃饭。包括和我，虽亲近，但也刻意保持着距离。

梦莎曾经用省下来的钱买了张站票站了十几个小时去找他，但是他根本不见她，梦莎说，那天晚上自己走在街上，边走边忍不住号啕大哭。

受伤不可怕，可怕的是，受伤之后，依然放不下。

我问梦莎：你还爱他吗？

梦莎坚定又决绝地回答：爱。

我该说什么，我又能说什么呢。我只能买一根棉花糖给她吃，让她觉得不那么疼痛。

3

后来，我安抚了梦莎一个月，每天叫她调整好自己心态，远离渣男，甚至还特别为梦莎写了很多心灵鸡汤，但是这并不能阻止梦莎对渣男一往情深。

这时候，我们的小王子登场了。富一点五代的进攻更加激烈了，听闻梦莎最近心情不好，不吃饭，富一点五代一日三餐都守在梦莎宿舍楼下，但是，这恰恰撞在了伤口上，梦莎每天在宿舍日夜颠倒，蓬头垢面，哪儿会出来见富一点五代。梦莎在电话里告诉富一点五代：你回去吧，我是不会见你的。

看着富一点五代落寞的背影，我只能上去拍拍他的肩，然后学着《纵横四海》中周润发扮演的阿海的语气说道：其实爱一个人并不是要跟她一辈子的。我喜欢花，难道你摘下来让我闻？我喜欢风，难道你让风停下来？我喜欢云，难道你就让云罩着我？我喜欢海，难道我就去跳海？

令人想不到的是，富一点五代真的去"跳海"了。他一屁股坐在梦莎宿舍楼下，并且扬言，如果梦莎不见他，他就坐在地上不走了。

喜欢一个人就像手里握着一只小鸟，抓得松，怕它飞走；抓得紧，它却可能窒息而死。富一点五代此举显然加速了这段单方面的爱情终结。

我看着他如此固执的模样，连声叹息：她不爱你，就算你去死，她也不会回心转意。

一整个下午，富一点五代都抱着鲜红的玫瑰站在那里，酷暑难当，将他的 T 恤浸湿了，宿管大妈看得心疼，给他递上了一瓶水。

后来，梦莎勉强见了富一点五代，富一点五代把花递给梦莎，只有短短的一分钟，却让富一点五代开心得像个小孩。我远远地看着富一点五代，心里说不出的滋味。

这一举动，很快在社交平台上爆红，坊间传言，富一点五代是有钱人，不惜为一个女子不吃不喝只为见她一眼。无数小女生为这种深情动容，纷纷赞其富一点五代为男神，甚至公开求联系方式。

但是，他感动了天地，唯独感动不了梦莎。

4

很多人说，梦莎铁石心肠，但是只有我知道，其实梦莎心太软了。

据说无情的渣男向女神求爱失败，又回来找梦莎，求她给他一次机会，他会改过自新，一心对待梦莎，这种话，连三岁小孩都不会信吧，可是梦莎信。

梦莎兴奋地告诉我，他们复合了。

听到这句话我差点儿从床上摔下来，然后对着电话吼："难道你忘记那些夜晚冰凉的眼泪了吗？你这个傻瓜。"

但其实，我理解梦莎做出的这种选择，是舍不得，她舍不得那么多年的感情付之一炬。虽然看不见远方照亮黑暗的灯光，但是她仍然希望，他就是陪伴她走过黑暗的人。

经历过这次悲痛，梦莎似乎变得成熟起来，她可以平静地看待这段恋情，因为时间已经把她打磨得不再是当日那个为了爱情义无反顾的小女孩儿。后来我见过那个渣男，那天他乘火车来看望梦莎，我们跟他一起吃了个饭。

我们约见在学校附近的一个小餐馆里，渣男并没有我想象得那么高瘦，头发很短，有些胡楂儿，表情很严肃，可能是先入为主的缘故，我对他的印象不是很好。

我想起那个在我面前哥长哥短的富一点五代，不免感到惋惜。小伙伴们也同仇敌忾地看着渣男，对他有所戒备，现场气氛颇为尴尬。

梦莎向他介绍我：这是学长，在学校很照顾我。

我尴尬地笑笑，他有礼貌地端起酒杯向我敬酒，感谢我多年来对梦莎的照顾。他很会喝酒，男生嘛，喝着酒聊着游戏就熟络起来，当我们聊得正嗨时，小伙伴白了我一眼。我这才想起，在来之前，我们私下决定给渣男点儿颜色看看。但是现在，我竟然胳膊肘往外拐，于是我便开始刁难起他来。

"听说你小子很花心呀！有没有秘诀传授给哥，让我也去泡个妹子。"

渣男脸色瞬间唰地阴沉下来。

"泡妹子的功夫哪儿有哥厉害呀，你说是吧？"梦莎忙替他解围，还没结婚呢，就这么帮他！

眼看语言刁难失败了，正好渣男去上厕所，梦莎去柜台拿酒，小伙伴拿出一包粉倒进渣男杯子里。

"哎呀呀，虽然渣男是坏，欺负我们家梦莎，但是也不至于要毒死他吧，这可是犯法的！"

"什么呀，这只是一包芥末，哎呀，倒得有点儿多了。"

当渣男回来的时候，我们就鼓动他一口干，必须见底，才够诚意，看着他喝酒时那怀疑人生的表情，我们偷着乐。

纵然如此，我依然祝福他们能够走到最后，能够幸福，也愿意相信他真得回心转意，与梦莎平静地过一辈子，不让她在荒凉的夜晚独自流泪。

5

富一点五代开始过一段短暂的恋爱，但是很快就结束了，他忘不了梦莎。

后来我碰见过富一点五代，他请我喝酒，喝到后来，他红了眼。我把梦莎的故事一五一十地告诉了他，他连声叹气，哥，还是你说得对，有些东西是不能够勉强的。

我记得那天晚上街上一直播放着阿桑的《受了点伤》，爱情只是昂贵的橱窗，沿路华丽灿烂，陈列甜美幻象，谁当真谁就上当。

最后我告诉他："好好生活，好好地找个女朋友共度一生。"

"为我们未来干杯。"富一点五代说。

当我们杯子碰到一起的时候，我似乎听到了心破碎的声音，那种心碎是对命运做出的妥协，也是在我们成长过程中，无法忘记的疼痛。

在那以后，我再也没有见过富一点五代，他仿佛消失在了我们的世界里，后来，我听说，富一点五代并不只是一点五代，而是典型的富二代，他去国外留学了，有一大票女孩子追着他跑。而梦莎，和那男生的感情平淡无奇，没有激情，我也没有问她，这样的感情，真的是自己想要的吗？

她不知道，其实这么久以来，喜欢怎样的姑娘我心知肚明，可是这个世界上再也不会有第二个她了。

我也终于领悟到，在我们成长过程中，或多或少伴着很多遗憾，有些喜欢是可以轰轰烈烈追逐，但是有些爱只能深藏在心底。

人的一生会有很多次告别，每次和过去的告别都是一种成长。

人的一生也会有很多段爱情，大多数的爱情都伴着疼痛。

在时光中破茧成蝶

成　茧

陆刃鱼

1

"立春"这两个字，妙极了。

逢此时节，万物复苏，早樱听了这句立春，简直迫不及待要千树万树地舒展连绵，覆盖一整条漫长的行道。而我，也就是在立春，遇到了江千千。

说实话，她小时候真的不讨喜。我直说吧，真的太丑了……脸型太瘦，眉眼太过单薄，嘴唇也总是倔强地抿成一线，眉骨处还有一道细长的疤。每回她亲戚来做客，总是习惯性地先忽略她，一把搂起到她家串门儿的陆宵，往那白净的小脸儿上亲一口，再对着江千千笑道："你弟弟真可爱，水灵灵的小娃娃。"

这时候，江千千就会一脸冷淡地回应："他不是我弟弟。"噎得一群长辈相视无言，半晌才笑出声。

江千千儿时的模样，除了在亲戚堆中不讨喜，在孩子们的圈子里也备受歧视，除了陆宵，没什么人愿意跟她玩，而我也只是立在人群里默默打量着她，和其他人的目光没什么差别。

直到我从她身上，第一次认识到"英勇"这个词。

2

多年前的那个立春，天光未亮，响亮的鞭炮声突然在邻里四下此起彼伏地炸开，我窝在被子里转了个身，脑子里浮现出了烟花璀璨的模样。

自从我爸妈开始撕破脸皮，很久再没有人在热闹的春节带我去河滨公园，没有人同我一道看着簇簇烟火升腾，没有人再吃力地把我抱起来，在我耳朵边轻声道："新的一年，给自己许个愿望吧，小安。"

原本这会儿，我老爸也该同别人家的老爸一般，拎着一串鞭炮，掏出打火机，笑嘻嘻地冲我回眸，嘱咐我乖乖待在家，他再下楼去点燃全家对于新年的期盼。

可现在，家不像家，那些期盼都四分五裂、支离破碎了。我狠狠地闭上眼，祈求能再入梦，却烦躁得辗转反侧，终究还是穿好衣服，下楼去晃悠。爸妈平时管得挺严，去踏青都要向他们再三请求，如今突然自由了，却浑身不舒服，心里空落落的。

我失意地踱步，抵达一楼的小院落，突然一串鞭炮在我不远处炸开，伴随着嘈杂的争吵声，所有声响在这一刻鼎沸，如同锅子里烧开的水，咕噜咕噜，交织炸裂在空气中。

我的偏头痛就在这时又发作了，下意识地用力捂住了耳朵。

等到浓烟终于散开，我看见了被孤立在人群之外的江千千。那些孩子躲在大人的身后，对着江千千指指点点。我不知道在这之前，我错过了什么声音，但松开手的那一刻，那些来自祖国未来花朵的言语太过刺耳。我接收到的时候，即便那些话不是针对我，也觉得自己一步都挪不动。

他们躲在长辈的身后，在大人的庇护下，那些炸裂的爆竹同他们之间有了一道屏障。就在这样的庇护之下，他们耀武扬威，成群结队，把锋利的刃指向那个孤独伫立的小姑娘。

"丑八怪，谁给你的勇气出来玩的！"

"就是！你看到没有？立春放鞭炮，就是为了吓走你这样的丑八怪！"

我几乎呆在路边，动也不动地看着江千千，说不清是猎奇的心态，还是忽然有些恐惧。那时候我们都还年幼，在那之前，我也从未听到过这样直白的谩骂与侮辱，至少在我身上，没有。

江千千突然看了他们一眼，转身走了。他们想再追上去骂，被长辈们拦住。

不远处又炸开了鞭炮声。我下意识地用手挡着脸，眼睛却还是睁开的，我看傻了。

那时候我还不太明白什么叫作气场，但当她在烟雾弥漫的空气中利落地打火点燃，又倏然转回身向我跑来的样子，再过一百年，我也忘不了。我心想，就是这一天。我的小姑娘遗世而独立，却踏着漫天大雾，天不怕地不怕地向我走来了。

我正看着她发呆，我知道，其他的同龄人也都正看着她发呆。打破这气氛的是隔壁老奶奶，她颤巍巍地走来，揣着一把米糖到她身边，"千千，谢谢你啊。"江千千双手接过那把米糖。

我不知道江千千从我的眼神里看出了什么，但我确保有百分之八十都是崇拜。隔壁的老奶奶被亲生儿子和儿媳排挤，住在简陋的地下室，连个立春都没有亲人帮她点鞭炮。

当大多数人都怂在长辈的身后，又借着这保护伞作威作福时，江千千已经开始学着独立，学着生活，学着帮助他人，学着巧妙避开那些恶意。

只见她一脚停在那些孩子面前，露出了她的招牌表情，冷淡又嘲讽道："白痴，立春放鞭炮是为了吓走年兽，好好读书吧。"把那些熊孩子唬得一愣一愣的。

啊，帅呆了。

3

所以说像江千千这么英勇的姑娘，根本不需要什么骑士。我有点儿好奇，和她从小一起玩到大，被万千迷妹簇拥的陆宵，究竟是个什么角色，起着什么作用。

后来我明白了，她喜欢陆宵。即便陆宵只是习惯了和她一起玩，习惯了拿她当挡箭牌，习惯了她替他带来自由。

呵，照样是活在别人庇护下的男生，有什么好喜欢的？江千千眼光真糟糕。好多次我想提醒她，沉迷陆宵是没有前途的，却始终找不到合适的时机。就这么贸贸然去同她讲，又太过突兀。幸好时机这东西是会自己上门的，虽然来得有些令人悲伤。

4

那天我爸妈双方的仇恨值终于到达巅峰，那也是他们之间的最后一次争吵。我妈特彪悍，率先举起置物柜上的陶瓷大摆件，往地上那么一摔，摆件的重力势能很大，伤害值爆表。

他们倒是知道躲，我一个猝不及防，被碎瓷片扎了腿。亲妈啊。我的哀号声被他们的争吵声淹没，一句比一句难听，我的脑海里突然浮现出多年前那个立春的场景，被人群围着的千千，被淹没在那些谩骂声之中。

你说，要没有那回事，我哪儿能遇到江千千？现在我的心只被两件事填满，第一是学习，第二是江千千。她还深陷在陆宵的网，她还处在水深火热之中，她仍旧求之不得寤寐思服。

真烦。脑袋里开始嗡嗡作响，我的偏头痛又犯了。我正打算从硝烟中抽身，却忽然瞥见了置物架上的小红本子。

离婚证？

我差不多傻了，踉跄着去翻那个本子，霎时只觉天旋地转。原来爸妈已经离婚三年了啊。

记得有一回，我爸正在誊写《项脊轩志》，我妈洗了水果端过来，看了会儿，忽然流了眼泪。我不知道那时候他们心里都藏着什么事，但看到离婚证的这一刻，我明白了，缘分一旦尽了，感情可能就是世上最残忍的东西。

我把离婚证放下了，三年的伪装，他们一定也很疲惫。我出了门，没人注意到我。被碎瓷扎伤的小腿，疼痛已经蔓延得有些麻木，我走到半路体力不支，坐下来哭一会儿停一会儿，打算着去附近的诊所先处理伤口。

　　江千千就在这时候出现了，从路口拐出来，脸上的失意比我更甚。我突然就忘了其他的事，一边哭一边哆嗦着问她："千千，你怎么了？"

　　她委屈得像一只小猫崽子，垂着睫毛对我说："我心爱的东西要被人抢走了。"我忽然发觉，江千千和以前不一样了。她幼时单薄的眉眼，如今已经长开了，颇有些丹凤眼的模样，鼻梁挺直，唇也薄极了。

　　怎么说呢，若是换上一身古时倜傥公子的装扮，必能引得不少大家闺秀回眸。这般动人的江千千，本性英勇的江千千，在我面前露出了她最软弱的一面。我心下竟然一阵窃喜，分明我还在叽叽歪歪地哭个不停。

　　我问她："你心爱的东西是什么？"其实我心知肚明，但是我偏要问出口。她皱着眉看我，一言不发。

　　我又拉着她语重心长，说话的时候牙齿还在打战，"千千，我跟你说，那些东西都不是百分百回报的。能给你完全回报的，只有学习。爸妈可能会抛弃你，你喜欢的人会抛弃你，但是学习不会。总有一天，照顾你、疼爱你的人，都会离你越来越远，可是读书这种事情，你方法对了，努力了，就会有回报的，稳赚。"

　　江千千用看书呆子的表情看着我。我很满意，只要我一直是个书呆子，只要她觉得我别无他想，我就能一直待在她身边。我俩就这么互相看了好久，她突然叫起来："妈呀！"

你看，我看中的姑娘，连惊讶的声音都这么充满气势，浑厚有力。

我一低头，腿上的血都流到脚踝了。疼傻了。

她说我不能走路了，把我背到附近的诊所去了。这一带老城区正在修整，路面都崎岖不平，她背着我，一步一步，走了好久。好久没有人和我那样近地触碰了，体温安慰着体温。在人世，宛如茫茫海上两座咫尺灯塔。

5

自那之后，我有了一个念头。说来不太好听，但算是事实：我只有江千千了。

我爸有了新的女朋友，我妈搬了出去自己经营公司。他们会有新的家庭，他们的生活很快会被新鲜的事物填满。他们会离开这片老城区，会彻底抛弃这片老得不行的地方。而我，还是在这地方生根的人。

我果真只有江千千了。我爸带着行李离开那天，他摸摸我的脑袋，"小安也长大了。老爸有自己想过的生活，但是老爸爱你。以后缺什么，给老爸打个电话就行。"

我红着眼眶，借口去上个厕所，几度濒临崩溃，在洗手间狂躁地走来走去。老爸你不懂，你知道我缺什么吗？我缺什么？

花了近半个钟头，再出来的时候，我已经冷静了许多。不得不说，我从江千千身上学到了自控，也学到了如何渐渐把一颗温热的心降至零点。

"老爸，你以后要好好过。"

我爸车开走之后，我又跑去找江千千了。她看到我的第一眼，叹了口气，然后用我最喜欢的语气，虽然话还是带着几分嘲讽，"你怎么还是这样，哭得像个傻子。"

她为了转移我的注意力，絮絮叨叨地拉着我，说起了别的事情。她也就只有在我面前，才能像个话痨。

她又说起了陆宵。陆宵依旧迷妹缠身，即便他如山巅雪莲清冷难及，却有一个姑娘润物细无声一般感化了他的冷漠。江千千是陆宵身边最近的人，他的一举一动，她都看得清清楚楚。

她描述的时候，仿佛自己是个局外人。说起来也是，原本就是陆宵和旁人家姑娘的事情。可我观望着江千千那股子疏离，心里不由得升腾起丝丝缕缕的心疼。有谁舍得在谈及心上人的时候，置身事外呢？

我看着她，意识到了一个事实——所有的人都在被时光毫不留情地往前推，我感觉只有我，停留在当初那个怯懦的时候，我爸妈已经分离，我身边依旧没什么朋友，我只有江千千，可是她离我似乎越来越远了。

我心里突然很急，或者说，是害怕。我控制不住地开口问她："千千，你一心一意为陆宵着想，他也这么把你当朋友吗？"

她第一次那样看着我，几乎可以说是冷淡了，"我不用他把我当朋友。"我心脏猛地一抽。

我不该这么说的，可谁人能把自己的心思藏得那么深，能把言行控制得那么恰如人意呢？

6

那天起，我有了种预感：总有一天，江千千会离开我。她一脸兴奋地跑过来告诉我，陆宵成为职业电竞选手的时候，我有些惊讶，不安却更加强烈。曾经听说过电竞这行，竞争异常激烈，对手之间发生什么过激的事情也不算意外。

我确实是个书呆子，在一座学府之中写写画画，埋头苦学，只是为了有朝一日能踏进另一座学府的大门，堂堂正正。我唯一放不下的就是江千千，否则在我高中的时候，就会接受老爸出国读书的建议，他没办法给我和以往一样多的爱了，那给我前程也是好的。

大二的时候，导师向我抛出了橄榄枝，"你是我不可多得的人才，有个名额你要不要考虑一下？"

我斟酌很久，说希望能多一段时间好好想想。导师那时候眼中流露出了失望，他问我："你有什么心事吗？"我摇摇头。

知我者，谓我心忧。不知我者，谓我何求？我真的别无他求，我就希望江千千能多为自己着想。我不想失去她。

7

我劝过江千千无数次了，没辙，她不听。不听就算了，她竟然还和陆宵的电竞对手玩到了一起，那人名字普通得很，叫许林。

说来，人的心理也是奇怪，为了引起对方的注意，千方百计。想想大家都是成年人了，我又正在忙着辅助导师完成学术论文，抱着侥幸的心态想，千千那么冷静，多少能把控自己的言行。

可是，假使时光倒流，我得先回去，回到我最忙碌的大学时光之中，把那个不分轻重的自己狠狠地抽一巴掌。千千在我一无所有的时候填满了我的青春，我却在她将近一无所有的时候抽身不管。

千千就是在那时候出事的，在我最疏忽的时候。那天的场景我没见到，但我通过别人的讲述知道了。江千千在那个大雾的早上，在湿冷的空气中，将她多年前就流淌全身的英勇血脉，拿来救了那对怯懦的小情侣，陆宵和林梦。

据说是许林的兄弟喝高了，又老早就对锋芒毕露、总拿冠军的陆宵不满，听说陆宵对林梦十分上心，就把她截到旧仓库，以她来威胁陆宵。那个男生也挺毒的，砸碎了的啤酒瓶要往姑娘脸上扎，要是我见了，我也看不下去。

可我真的不希望这个去拼命的人，是江千千。可能要令一些人失望了吧，江千千脑部重伤，却活下来了。毕竟她能盘踞陆宵身边的位置十几二十年之久。

如今这般，她活得太不风光，一点儿没有她小时候那神气样儿。医生跟我明说，醒来的概率很小。我不太能接受这个事实。我在病房里狂躁地走来走去，我觉得自己快得躁郁症了。我小仙女似的江千千，就给你们折腾成这样了？我想过找那些人的茬儿，可是他们，该被法律制裁的，都有了报应。没意思。

我也很想去整陆宵。可是又想想，这事不完全怪他。掰指头算算，我们这些人当中，真的只有江千千她一个人，敢作敢当，毫不怯懦。遗世而独立。时间淌水一般地走，我想我真是一直都没变，我好像一辈子就这样了。怯懦，规矩。没有了江千千，我的生活更像是一潭死水。我的爸妈离开了我，我最好的朋友也不再回应我的问候。

我每周末都要搭车去一趟疗养院，去看江千千。她不说话，那我说。她不笑，那我笑。我能怎么办呢，原本我就只有江千千了。

8

2017年，惊蛰。距离立春过去一个多月了。

我拒绝了导师的提议，放弃了交流的名额，只在空闲的午后偶尔翻一翻异域国度的画册，浅眠的时候做一个美妙的梦。有一天，讲台上不知道何时走进来的陌生男生，很好看的眉眼，也是单眼皮，一副英气模样。辅导员站在他旁边。

"这是我们班的新同学，转专业来的。"

"大家好，我叫林千。"

辅导员在旁边笑道："那以后是不是可以喊你千千啊。"

大家都在笑。我动也不动地看着他，停下了笔，忽然觉得这个世界太不真实了。

平行轴线里的候鸟人

喵掌柜

偏 执 动 物

"所以呢，你相信有未来世界的存在吗？"

戴着眼镜的少女歪着头，齐眉刘海下露出光洁的额头，眼神像是一头偏执的鹿。

"这个嘛……"梁徽低头看着手机，身边来来往往的人群时不时传出轰炸似的笑声，这种毫无意义的班级聚会只是为了满足少数人的虚荣心。

手机里的解谜游戏闯到最后一关，他躲在角落里自以为没人发现，身边的位置上却像是粘了一只苍蝇，同样被冷落的女生拉着他喋喋不休。

从"头顶的灯泡为什么一直闪"到"宇宙探秘时间机

器"，梁徽已经神游在游戏里。

看他半天没有回答，屏幕上方出现一只细细的手指，"你应该先走这一步的，拿到钥匙以后解开密码，游戏就通关了。"

"啊？"梁徽尝试了一下，果然屏幕上出现"恭喜过关"的字样。他终于抬起头，女生冲他不好意思地笑了笑。

"你玩过这个游戏？"

"没有啊。"她认真地摇头，"是你告诉我的。"

"什么？"梁徽一愣，大脑停滞了一瞬，确定从来没有见过她。

对方扶了扶脸上的镜框，"哦，对了，你现在还不认识我。"

头顶的灯泡又闪了闪，周围的人们玩儿得尽兴，仿佛没有人在意这种细节。

女生端着桌子上的饮料站起来，"我叫季尹，明天见啦梁徽。"

她摆摆手走出去，梁徽一时有些发愣，想不起来自己曾经报过名字。这么想着，椅子上重新坐下一个人，是班长周岚。

"咦？"周岚四处看了看，"我的饮料呢？"

梁徽指了指门外，突然想起了什么，"这是你的位置？"

周岚疑惑地点点头，"是啊，刚去接个电话，今晚我一直坐在这里啊。"

梁徵看着热闹的大厅，似乎再没找到那个影子。手机里传来电量不足的提示，黯淡的屏幕下最后一秒还是游戏通关的画面。

晚风穿过窗户，头顶的灯晃了晃，却没有再闪烁。

密室惊魂

放学后的游泳馆，泳池里的水映着对面狭小的窗户，反射出一小片亮晃晃的光。梁徵边脱衣服便往池边走，站到跳水台上时手里只剩下一条泳裤。

弯腰套在身上，平静的水面突然晃了晃，远处一团模糊不清的东西在水里若隐若现，突然朝这边飘来。

梁徵吓了一跳，水里哗啦一声响，那团黑乎乎的东西蹿起来，赫然是一团头发。

湿湿的头发下若隐若现一张脸，声音轻飘飘地传来："你终于来了……"

说着就要爬上岸，梁徵深吸一口气，想起进来时大门明明是上锁的，故作镇定道："等等先别上来，你究竟是人是鬼？"

水里的人抹了把脸，阴森森地笑了笑，突然猛地蹿起来扑腾到岸上，梁徵来不及躲开，被一头撞倒在地。

手里的泳裤丢出去很远，他捂着额头疼得龇牙咧嘴，再睁眼，一个黑影附上来，乱糟糟的头发下冲他笑起来，"这条底裤不适合你。"

梁徽这才发觉身上脱得只剩一条裤衩，红着脸向后躲了老远，头顶灯光"啪"地被打开，湿漉漉的女生甩甩头，露出原来的面孔。

梁徽愣了一瞬，努力在脑海里搜索名字，"季尹？"他顿了顿，觉得哪里不对，"大门明明锁着的，你怎么进来的？"

季尹指着女更衣室，"那里窗户没锁。"

梁徽眉头皱了皱眉，季尹双腿还在水里悠闲地摆动："你来练习的吧，我不打扰你。"

梁徽手上一顿，"你怎么知道？"

季尹歪着头，"你告诉我的啊。"

梁徽一头扎进水里的时候还在回忆，聚会那天究竟有没有无意间透露即将比赛的事。脑海里混混沌沌，竟然一时只想起那盏忽明忽暗的灯。

一直游到天色全黑，季尹还在岸边坐着。浴巾将她整个人都裹起来，看起来小小的一团。

她看着梁徽，突然像暴露狂一样双手敞开浴巾。梁徽吓了一跳，脚下一滑再次掉进水里，却看到季尹穿戴整齐地站在岸上，冲着他招招手，"去吃饭吧，我饿了。"

广 场 灯 火

城市中心的凯旋广场，季尹嘴里塞满烤鱿鱼，油腻腻的手指着前面，"要开始了。"

梁徵望过去，广场中央的音乐喷泉突然喷涌起来，彩色光柱穿梭在水里，像是置身于另一个奇异的世界。

季尹看得有些出神，"你知道吗，我们第一次相遇就是在这里。"

"哈？"梁徵想了想，有些不好意思，"我不记得了，你在这里看到我了？"

季尹点点头，又摇了摇头，"是你看到我了。"

她顿了顿，表情有些迷茫，"你说我很像你认识的一个人。"

"呃……"梁徵沉默了很久，确信自己没有失忆之后，终于忍不住打断了她的话，"抱歉，我刚刚就想说了，你是不是认错人了，我不记得有这件事。"

季尹转过头看着他，那双眼睛迎合着满街灯火，像是有微弱的光芒在闪烁，最终却慢慢熄灭。

"嗯。"她低下头，声音闷闷的，"算是吧。"

她站起来，"谢谢你的晚饭，明天见。"

裙摆在空中画了一圈，她已经朝远处走去。人群密集，像是汹涌的潮水很快将她淹没。梁徵站在原地，不禁摇了摇头。

也许自己，很像她认识的某个人吧。

秘密练习册

游泳比赛的时间最终得以确认，梁徵放学后去游泳馆，季尹已经坐在水池边，腿上放着一本习题册，冲他晃了晃工作牌："我申请了陪练，合作愉快！"

陪练为了防止选手练习时发生意外，梁徵去换衣服，季尹有一搭没一搭地讲着话。

"为什么喜欢游泳呢？"

"嗯？"梁徵想了想道："因为有趣吧，那种身体的每一个细胞都在活跃的感觉。"

"比赛也是因为有趣吗？"

"这个……"梁徵没想到她会问得这么直接，门外吹来一阵风，季尹腿上的练习册哗啦啦作响，突然一翻掉进水里。

她伸手去抓，梁徵忙去帮忙，掉落的练习册里飘出一张白纸，季尹脸色突然变了变，扑通一声跳进水里，顾不上沾湿衣服，在白纸沉水之前捞了起来。

梁徵将她推到岸上，季尹抹了把脸，"真看不出来谁是谁的陪练呢。"

梁徵叹了口气，"今天早点儿回家吧。"

街灯昏暗，季尹湿漉漉的衣服贴在身上，手里却死死攥着湿透的白纸。

梁徵脱下外套丢给她，"我刚运动完，有点儿热。"

他说着往前走去，回头看到季尹仍站在原地，一双眼睛黑白分明，看着他的时候总是像在看另外一个人。

梁徵心里一顿，就见她指了指右手边，"你家到了。"她朝前面走了几步，又停下来，"谢谢你。"

梁徵看着她渐渐淡出视线，转身掏出钥匙，手上突然顿住。

他从未说过自己家在哪里，为什么季尹这么清楚。

再回头，昏黄的街道上已经空无一人。

巨 大 谜 团

第二天同学约去看电影，梁徵跟着人群走出校门，才想起忘记提前告诉季尹。

掏出手机才发现一直没有问季尹的电话，已经拦了车，有人一把将他拉进来，"她等不到人自然会走啦。"

电影院里是刚上映的影片，音效震耳欲聋，梁徵却看得心不在焉。手指在椅子上轻轻一划，黑暗中不知那里凸起一块铁钉，刚好划破了手指。

指尖传来微微的刺痛，周围有人递来一张纸巾，"散场后买个创可贴吧。"

在时光中破茧成蝶

梁徽想了想，"我现在就去吧。"

走出电影院，却朝着学校走去。梁徽不断地安慰自己，季尹等不到他，自然就先回去。更何况他没有她的联系方式，没办法提前通知也是理所当然。

这么想着，走到游泳馆门的时候还是忍不住紧张起来。里面没有开灯，整个场馆空空荡荡。他暗自松了一口气，身后传来细微的脚步声，梁徽回头看到季尹手里抱着他的外套，从拐角里走出来。

她冲他笑了笑，"我还在想你也许会回来，没想到猜对了。"

梁徽心里一窒，"抱歉，我走得太匆忙……"

季尹摇了摇头，"没关系，我只是想把外套还你。"

空气里沉默了一瞬，梁徽一时不知道说什么才好，突然听到季尹肚子里"咕噜"叫了一声。

他指了指校门外，"我饿了，去吃饭吧。"

学校附近的小吃街，蒸腾的热气带来浓厚的市井气息。梁徽拿起筷子，被划破的手指已经不再出血，还是有一道血淋淋的疤横在上面。

季尹突然拉过梁徽的手，从包里掏出一个卡通创可贴，小心翼翼地贴在伤口上。梁徽低头看了一眼，不禁自嘲地笑了笑，"电影没看完就碰到这种事，也真是倒霉。"

季尹抬头看了他一眼，"没什么好看的，结局挺惨的。”

梁徵一惊，“你已经看过了？”

季尹低头吃面，算是默认了。梁徵吃了两口，突然觉得哪里不对，“咦？今天不是首映吗？”

两碗面端上来，白茫茫的雾气将两人隔开，季尹含糊地应了一声，看起来像是饿坏了，没有再说什么。

吃了饭沿着路灯走回家，梁徵像是想起了什么，“你知道我家地址？”

季尹摇了摇头，“我听同学说的啦。”

她蹦蹦跳跳朝前面走去，梁徵手伸进外套里找钥匙，指尖突然触到一个尖尖的棱角。

掏出来是被折成四折的白纸，上面有水干过的痕迹，略微泛黄的纸上用铅笔画着一个女生的侧脸，额头光洁，眉头微蹙，分明是季尹的脸。

右下角的地方潦草得写着签名，赫然是梁徵两个字。梁徵手指颤抖了一下，昏黄的路灯笼罩在头顶，那个签名的确是他的字迹。

眼前像是被蒙上了层层的雾气，整个世界变成了巨大的谜团，让他摸不着，也看不清。

街角的阴影处，季尹的手指渐渐收紧。

参 赛 资 格

比赛临近的时候，季尹来游泳馆的时间越来越少。

梁徵隐隐觉得她隐瞒了什么，又猜不透其中的原因，却将他的认知全部打翻。

梁徵想着，从水里钻出来，教练拿着一个信封，一脸凝重地走过来。

"比赛资格证寄来了，可里面是空的。"

"嗯？"梁徵一愣，教练解释道："我已经打电话确认了，那边说要重新申请，恐怕来不及了。"教练拍了拍他的肩膀，"我再想想办法。"

梁徵也明白这只是一句宽慰，憋着气慢慢沉到水底，大门发出巨大的声响，想来是教练已经出去了。

整个身体完全融入水里，每一个细胞都在舒展。梁徵倒不至于难过，只是心里隐隐有些不甘心。浑浑噩噩中脑海里突然想起那一天季尹坐在水池边问他，为什么喜欢游泳。

为什么呢？

他后来想，大概是因为天赋吧。总觉得辜负这么好的天赋是一种浪费。

嘴里吐出一连串的泡泡，不知道自己沉了多久，躲在水里的时候觉得整个世界都与自己无关。正待想着，头顶突然传来"哗啦"一声巨响，水波流动起来，一只手抓住他的胳膊，将他奋力往上拉。

他睁开眼睛，看到季尹死死咬着嘴唇，一脸惊恐地看着他。

梁徵心里一震，像是有什么东西呼之欲出，"抱歉，我想事情想得入神了。"

季尹这才松了口气，默然不语地朝岸上走去。梁徵慌忙追上去，"你生气了？我没有故意逗你……"

季尹冷不丁停下来，指着门上"女更衣室"四个字，"我去换衣服，一起吗？"

梁徵讪讪地替她关上门，转身回到泳池边，发现季尹的书包丢在地上，东西散了一地，想来她是直接冲到水里的。

替她捡起来，一个蓝色的纸片落在脚边。梁徵捡起来，上面赫然写着参赛资格证几个大字，再反过来，背面是他的照片和编号。

他手上一顿，远处更衣室里传来声响，他不动声色地将参赛证放回去。

真 话 谎 话

主办方终于还是决定让梁徵参加比赛。

梁徵得知这个消息的时候季尹正坐在泳池边看书，脸上明显僵了一瞬。

　　梁徵想了想，突然拉了拉她的脚踝。季尹一愣，整个人突然被拽进水里。她挣扎了几下保持平衡，梁徵笑眯眯地看着她问："你第一次游泳是什么时候？"

　　季尹想了想，"一年前吧。"

　　梁徵拉着她，将她慢慢带到水池中央，"是谁教你的？"

　　季尹被问得一愣，突然不再说话，梁徵叹了口气，"是我吗？"

　　他感到季尹的身体猛然僵住，脸色变得苍白起来。梁徵拂开她额角沾湿的头发，"你一直这么说谎的话，我会误认为你是喜欢我。"

　　季尹抬起头认真地看着他，"是你……喜欢我。"

　　"嗯？"梁徵一愣，有些不明所以，"为什么拿走我的参赛证？"

　　季尹整个人都紧张起来，突然伸手抓住他，"不要参加比赛好不好，再也不要喜欢游泳了好不好？"

　　梁徵被她说得怔住，季尹眼睛里带着祈求和悲伤，一味地重复着那句话。他突然觉得有些心疼，手臂缓缓张开，将她圈进怀里。

　　他听到她哭着低语："笨蛋，明明是你喜欢我啊……你怎么能忘了。"

消失的候鸟

比赛如期举行，偌大的游泳馆里挤满了观众。梁徽站在赛场内，看到季尹坐在第一排，视线像是黏在他身上，一刻都没有放开。

他深吸一口气跳进水里，等到再次浮上水面，哨声戛然而止。

全场掌声爆满，他最终以第一名的成绩结束了比赛。这之后是领奖，梁徽跳下领奖台，走到季尹面前，"走吧，我们回家。"

路过凯旋广场时，喷泉表演刚刚开始，季尹脸上被映衬得五光十色，梁徽心里想，季尹虽然总是莫名其妙，至少有一件事说对了。

他的确喜欢她。

这之后一切归于平常，谁也没有再提及那次泳池里的失控。季尹仍旧陪他练习，梁徽在水里，一抬头就能看到她坐在岸上，低头看着手里的书。

侧脸温和，眉头微蹙，这角度像极了那副素描画像。

时间哗啦啦翻过去，暑假时大家一起去了海边夏令营。晚上篝火晚会，梁徽站在人群里，看到季尹一个人坐在对面的礁石上。

他走过去，远处是黑蒙蒙的大海，繁星万里如同碎裂的宝石。季尹没有回头，像是轻声叹了口气，"你相信未来世界的存在吗？"

梁徵想起第一次见面时，她似乎也问了这个问题，不禁玩笑道："你该不会是来自未来吧，这么想来倒也说得通，你好像总是提前知道一些事。"

季尹却认真地摇了摇头，"不会有时光机回到过去的，所有的事情会按照线性发展，不可逆转，任何人都改变不了结果。"

梁徵没想到她会回答地这么认真，不禁"扑哧"一声笑出来，伸手揉了揉她额前的乱发。远处传来一阵呼喊，梁徵心不在焉地应了一声，季尹突然说："我的手机落在帐篷里了，你能帮我取回来吗？"

梁徵点点头，朝远处走了几步，突然发现季尹冲着反方向跑去。所有人都涌到海边，有人在远处大喊："周岚被潮水卷走了！"

大家站在海边不知所措，几个会游泳的男生刚下水就被一波一波的潮水冲上来。所有人都等着梁徵，因为他是游泳冠军。

人群慌乱的时候，谁也没料到一个瘦小的身影突然跳下水。梁徵赶到时已经看不到季尹的身影，黑夜里的海水黑漆漆一片，像是浓得化不开的墨。人群的呼喊终于惊动了周围的渔民，梁徵跳下水，却只将周岚带到岸上。

季尹像是消失在这片水里，如同她的出现一样，突兀而茫然。

梁徵用了一年时间才渐渐想明白那一天，季尹一定是有所预料的。她说的那些话，她故意支开他，时间像是一个巨大的圈，最后重新归回到故事的原点。

人群热闹的聚会上，那个女生歪着头问他："你相信有未来世界的存在吗？"

她知道他的名字，他的喜好，他的地址。她阻止他参加比赛，她在水池中央哭得无助而悲伤。她说，是你喜欢我，你怎么能忘了呢？

她像是匆忙出现又匆忙离开的候鸟，成为他始终都解不开的谜题。

时 间 轴 线

升学考试渐渐临近，梁徵再也没有去过游泳馆。

书本堆了一层又一层，他偶尔想起无数个放学后的傍晚，抬眼就能看到季尹坐在水池边，侧脸安静而温和。

手里的笔停了一瞬，一张铅笔速写已经映在纸上，长睫毛，眉头微蹙，梁徵心里一震，掏出抽屉里那张泛黄的画纸，两幅画竟然一模一样。

他始终没有明白季尹的出现和消失究竟是怎么一回事。

放学后路过游泳馆，梁徵掏出钥匙打开门。陈旧的铁

在时光中破茧成蝶

门发出剧烈的声响，内心一直有一块淹没的池水，他像是一只鼓胀的气球，一直在忍着，等待爆发的那个瞬间。

梁徽突然跳进水里，身体渐渐沉到水底。时间仿佛静止在这一刻，只是这一次再也没有人跳下来拉他的手臂。

脑海里因为缺氧而变得浑浑噩噩，竟然有嘈杂的幻听传来。胸口的那个气球终于"砰"地炸裂开来，梁徽猛然睁开眼睛，赫然站在凯旋广场的喷泉旁。

池水不见了，安静也消失了。

取而代之的是下午五点的傍晚，时钟发出巨大的声响。光线温和铺展，恍如一地碎金，天边是燃烧的云霞，广场喷泉喷涌的水珠折射出晶亮的光。

他茫然地往前走，报亭里摆放着前几天的报纸，英勇救人的少年溺死于水中，照片上是他入学时的学生证。

梁徽低头看了看自己的手指，眼里还带着太阳直射的模糊光晕，一切都变得真实起来。像是掀开了世界的一个边角，对面台阶上的小提琴声四散飘扬。

平地而起的风声，近在咫尺的喧闹。

有人站在喷泉水池旁认真许愿，齐眉刘海，蓝色裙摆，眉头微微蹙起。

像是踏进了另一个平行的世界，时间开始倒叙，他来到她描述中初遇的那一天。

眼前的迷雾终于被一层一层剥开，在这个世界上无数条时间轴上，相同的故事一直在发生，他和她再次相遇。

所以你能预知发生的故事，你像是未卜先知，为了改写结局，对我说了那些奇怪的话，支开我跳进水里救人。

所以在那个世界里，我留了下来，而你却永远消失。

这个世界上有无数条平行的时间轴，这些故事里我都会遇见你。那些不可逆转的结局里，你从这个时间轴踏进那个轴线，像是一头偏执的鹿，只为找到我，改变发生的一切。

那么这一次，换我来找你吧。

梁徽深吸一口，轻轻拍了她的肩膀。

"嗯，你很像我认识的一个人。"

你比青春更寂寞

骆　可

1

很不幸，我住在了丑半球。

更不幸，我还有个丑到惨绝人寰的名字——苏丹红。

我妈生我那会儿，苏丹红还没有像现在这样被熟知，它真的就只是一个名字而已。

可是，因为这个名字，我却被全校所熟知。

包括李易阳。

放学时，他站在学校大厅的门口，叫住低头走路的我。"苏丹红——"他刚开口，我就看到他微皱的眉头。

其实，他如果叫"哎"或者"那位同学"，我一点儿都不介意。

我愣愣地看着他，看着这个头顶自带光环的男生。他说："那个……你就是三班的苏丹红吧？"

我慌乱地点头，不自觉地用手绞着身上的书包带。

他说："你能不能帮我捎个信儿给赵艾嘉，让她明天放学后等我。"这是他第一次跟我讲话，却是因为另一个女生。

看着李易阳远去的背影，我呆愣了一会儿，才背着沉重的书包，走到阳光倾城的路上，先穿过一个花鸟鱼市场，然后经过邮局、面包房、报刊亭，走过下棋的老头儿和树荫下哄着孩子的老太太们，稀里糊涂地坐在补习班里听一个半小时的英语课。

我一点儿都不怀疑我们的外教是一个"farmer"，他除了教我们shank、top round、tenderloin这些牛身上部位的单词，甚至教我们怎样分类牛肉的等级。

我盯着墙上的时钟，仿佛看到无数钞票从我眼前纷纷飞过，然后停留在一张不屑一顾的脸上。

当沈胥辰走到我旁边，坐下，把书包塞到桌洞里，打开书，趴在桌上开睡时，脸上仍写着"不屑一顾"这四个大字。

一直到下课，我都在想，他跟钱有仇吗？这所培训学校的外教课虽然教得不怎么样，学费却贵得离谱。

当人们总能在假恶丑中发现真善美时，我妈却总能从我身上找出一百种我丑的证据。

为了摆脱我住在丑半球这个事实，她觉得用知识武装我，才是我将来人生唯一出路，于是下血本把我送到了这所著名的培训学校。可我觉得将来把我送到韩国，或者去外国教那些洋鬼子怎样区分"大爷"跟"你大爷"比这个更有出路。

可我不是我妈，我唯一能对得起她的，就是宁愿坐到海枯石烂，也绝不会像沈胥辰那样，睡到四肢腐烂。

2

每个学生时代的女生，除了爱黄冈模拟题，还爱英俊男生。

所以当我把李易阳的口讯带给赵艾嘉，她连哼都没哼一声，就把我给略过去了时，我站在清晨八点钟的教室里，居然有一种欢欣鼓舞的感觉。

对，就是欢欣鼓舞。

没有哪个女生会因为自己喜欢的男生被其他女生拒绝而垂头丧气吧！所以，我一路唱着小曲来到了李易阳的班级门口。

像我这种善始善终的人，怎么能不把这个噩耗亲自告诉他呢？

看着李易阳由喜而悲的表情，我大脑一抽，嘴巴不受控制地说道："她可能目前还不喜欢你，可谁能保证将来呢！"

说完，就有种启动自毁装置的冲动。这明明是我自己的潜台词啊！现在重说还来得及吗？

就像你每次和人吵完架，总觉得自己没发挥好！然后晚上躺在床上不甘心回想起时，才想起来该怎么还嘴，那种沮丧瞬间席卷我的心脏。

带着这种沮丧，第二天我还是准时出现在了补习班的门口。

我实在是很好奇，这里的硬板凳真的会比家里的席梦思更让人流连忘返？

在我憋了两个星期的好奇心，快憋到内伤时，终于忍不住开口道："你们家很有钱吗？"

沈胥辰睡眼蒙眬地点个头，算是回答。

哼！有钱了不起啊！有钱也不是这样花的啊！

在我马教主附体，内心咆哮时，沈胥辰算是给我了一个理由，"我睡眠不太好。"

……他睡眠不太好？

我突然有一种摇醒他的冲动，孩子你醒醒！醒醒啊！你睡眠不好完全可以吃片安眠药啊！这可比安眠药贵太多了好吗！

好吧，有钱人的世界果然是我们这种丑半球的人所无法理解的。

在他睡了差不多半个学期后，我才知道他家确实很有钱，这家跟黑店似的培训学校就是他们家开的。

3

我从来不觉得我丑是种罪恶。

我妈要知道我上了那么长时间课，还分不清of和off的区别，然后还有闲心在镜子前顾影自怜，她非得抄家伙揍得我满地找牙。

我叹了口气，又看了眼镜子中的自己。

谁说丑人就会没朋友？

我虽然丑，可在熟人面前，那简直就是猴赛雷。所以，身边就有了很多朋友。因为在她们面前，我毫无威胁力。当然也有女生不喜欢我。

像赵艾嘉。

可李易阳喜欢赵艾嘉啊。

不过，我怎么会是那种能跟男神喜欢的女生做朋友的人呢？笑话！那是必须一定要啊！

于是，当赵艾嘉背着大提琴出现在培训学校的门口时，我一把抓住了她的手。

她嫌弃地甩开我，然后不太友善地问："你是……"

虽说我们班有六十多名同学，但好歹也做了快一年半的同学，敢情她连我的一个标点符号都没记住啊。

瞬间脑子里一万条弹幕呼啸而过。

可为了李易阳，我还是脸上堆满了笑，很不情愿地报出那让我恨不得遁地三尺的名号："我是苏丹红啊！"

"哈哈，哈哈哈哈哈……"

等我六个肺气炸了五个半时，才发现这让人畜皆惊的笑声不是来自赵艾嘉，而是上补习班只是为了改善睡眠的沈胥辰。

一向除了睡觉很少说话的沈胥辰，此时正拍着大腿，笑到眼泪横流地看着我，"原来你叫苏丹红不叫赵艾嘉啊！"

而此时的赵艾嘉一脸玩味地看着我，脸上浮着似笑非笑的表情。

我把心一横，回头一脸黑线道："我叫赵什么关你什么事！"

没错，我告诉英语班上的每一个人我叫赵艾嘉。谁说赵艾嘉就一定要长一张小锥子脸，就一定要大眼睛长睫毛，就不能长成我这样。

可我这种掩耳盗铃的做法，估计在正版主子的眼里简直就是愚蠢到家。

我深呼吸，调整了下情绪，转过身讪笑道："我开玩笑的，你别介意啊！"

我以为赵艾嘉会说我非常介意，或者推开我直接走掉，结果她看了眼我，又看了眼沈胥辰竟重新拉过我的手，说："好朋友间有什么介意的！"

呃，她刚才说什么？她说……好朋友间？

我掏掏耳朵，以为听错，她娇笑着摇着我的胳膊，"怎么？不愿意和我做朋友？"

等到沈胥辰拍拍我的肩膀，感叹道没想到你还有这么漂亮的朋友时，我突然明白了一个事实——没有男生会不喜欢漂亮女生。

4

我回家的第一件事，就是跟我妈吞吞吐吐地说道："我能……换个特长班吗？"

我不想再去上课时，整个英语班的同学都用嘲笑的目光看着我，我不想苏丹红成为我整个人生挥之不去的阴影。

在别的班里就算我不叫赵艾嘉，还可以叫李艾嘉王艾嘉宋艾嘉啊！

我妈放下手中的青菜，回屋换了个"老头乐"出来，我后半截话直接咽了回去。

她的眼神已经明确地告诉了我，好看的女生学古筝钢琴大提琴那叫特长，至于我这种长得丑的，死也要死在语数外的补习班里！

让我感到欣慰的是，沈胥辰除了继续睡觉外，并没有将我那响当当的名号广为流传，我对他的好感值"噌"一下就上来了。

其实，沈胥辰长得很好看，跟李易阳是两种完全不同的好看。

李易阳是那种好学生堆里中规中矩的好看，像年轻版的小李飞刀。而沈胥辰，则是《笑傲江湖》里的令狐冲！

如今，令狐冲先生除了睡觉，会在睡觉的间隙抽空眨眨眼问我："喜欢他？"

我回他个白眼，算是回答。

他说的是李易阳。

在和赵艾嘉成为"好朋友"的第二天，我就在补习班的走廊里意外地看到李易阳。

他站在逆光里，有层耀眼的光晕将他笼罩起来。他微笑地望着我，我站在他的对面，竟有种想哭的冲动。

那种感觉就是你连一秒钟都不曾拥有过他，却仿佛已经失去了千万次。

路过？上特长班？来看我？虽然我很不情愿，但不得不承认一个事实，李易阳的出现只有一个原因。

赵艾嘉。

他说："你能帮我个忙吗？"

我在心底冷笑，你见过哪个女生一而再再而三地去帮自己喜欢的男神追女生，我的脑子又没坏掉！

可当他用软软的语气叫我，说"你们不是好朋友吗"时，我还是点了头。

不过，这消息走漏得可真快！那我今天"大姨妈"大驾光临，有没有人也去通报一声啊！

还好赵艾嘉很不给面子，说她今天不舒服想早点儿回家。可当沈胥辰像鬼一样站在我身后，说你们要去吃冰啊一起时，赵艾嘉突然就改变了主意。

我瞪沈胥辰，沈胥辰回我一个关我屁事的眼神。

一路上，只有沈胥辰一个人说着话，他说今天天气不错啊！我默默地走在李易阳身后，在心里说："是啊，好得跟世界末日似的。"

世界末日没来临，我的末日却到了。

上了半个学期的补习班，当我妈看到我刚刚60分的英语成绩单时，直接给了我顿"棒子炖肉"。当然，我再也不用每天放学后背着书包去听那个"farmer"讲他在美国东部的农场了。

5

事实证明爱情就是99%的长相加上1%的感觉。要不然，为什么李易阳会喜欢赵艾嘉？我觉得除了美，我并不比赵艾嘉差呀。

可赵艾嘉是真美啊！

美到如果我是李易阳，也会喜欢她。

于是，每天放学后，我都会和李易阳一起背着书包，穿过花鸟鱼市场，经过邮局、面包房、报刊亭，走过下棋的老头儿和树荫下哄着孩子的老太太们。

哪怕我已经不再去上补习班，但这并不妨碍我作为赵艾嘉的好朋友身份出现。

当然，像提前演习好的那样，每次我都以拉肚子、突然头好痛、刚想起来我妈让我去买个东西等各种很白痴的理由功成身退。

后来，直到能找的理由都找了，就差没说今天天气好晴朗时，沈胥辰背着书包懒洋洋地出来了，大有一种《大话西游》里至尊宝踏云而来的惊喜。

他还是永远一副睡不醒的样子，永远一副关我屁事的表情。

我已经管不了那么多了，上前拉住沈胥辰的胳膊，说："我约了他！"然后看着赵艾嘉若有所思的表情逃也似的跑掉。

等跑到拐角，才恹恹地松开抓住沈胥辰的手，"好了，你可以走了。"

"我为什么要走？"沈胥辰反问。

"不走难道要请我吃饭吗？"

让我始料不及的是，那个天气并不晴朗的午后，我和沈胥辰真的坐在KFC里，面前摆着两份全家桶。

"为什么？"我盯着他，问出心中疑惑。

沈胥辰翻个白眼给我，"你要让我一个人去要两份全家桶吗？"

"就这么简单？"他这是在变相地说我胖吗？

沈胥辰给我一个"难道不这么简单还能有其他的吗"的眼神。

我不死心地问："就不能因为我才貌双全、貌美如花……"说到后来，连自己都说不下去了。

如果我真的哪怕再好看那么一丁点儿，李易阳和我都不会一路上像两个沉默的影子，一前一后，在阳光下重叠交叉再离散。

后来，很多个下午，我都会和他一句话不说地走过一小段路。然后在看到赵艾嘉时不用再编什么理由，沈胥辰一个小眼神，我就屁颠儿屁颠儿地跟在去往KFC的路上，不管他说点儿什么我都在后面加一句："臣附议！"

只有那个时候，那些只能仰视着一个人却无法靠近的悲伤才会少了许多。

6

秋天快过去的时候，我和沈胥辰几乎吃遍了这座城市所有的KFC。我也从"臣附议"的角色，渐渐变成"你抢我鸡翅试试，手给你掰折了！"

可我一点儿都不开心。

不开心为什么自己就不能漂亮一点点。不开心沈胥辰连安慰人都安慰得那么敷衍。

他说，你爱张家辉，是因为他长得帅吗？我摇头。

乡土女团走红是因为漂亮？我再摇头。

可我喜欢李易阳，纯粹就是因为他长得好看呀。我没敢说，总不能让他觉得我丑的同时，连智商都跟着自动下线了。哪怕我把自己都丑哭了，至少要让整个世界觉得我除了美貌，什么都有才行！

这大概就叫身残志坚吧！

身残志坚的结果是，李易阳终于有时也会和我说点儿其他的。像"你看叶子黄了""远处的山色淡了"。

我不知该如何接话，大概他也不是为了让我接话，只是想表达一下自己的感情。恰巧，我是那么一个特殊的存在。

只是，我这个特殊的存在好忧伤，忧伤到快到爆炸。

连赵艾嘉都看出眉目。

她问得很直接，"你喜欢李易阳吧？"我看着她，看着这个比我好看一千倍的女生，一下子慌乱起来。

赵艾嘉似乎并不屑于知道答案，她只是让我觉得不自量力，连喜欢都成了一种罪恶。

她讥讽地打量着我，好似在看一个天大的笑话。过了半天，才用悲悯的语气说道："如果我是你，大概也不会让李易阳知道。这世界没有男生会不在乎女生的相貌。"

一早我就知道我和赵艾嘉不是同一个世界里的人，别说好朋友，连朋友都是强扭的瓜。

我不知道是为了和赵艾嘉争这口气，还是跟自己较劲儿，世界上没有什么事是一顿烧烤不能解决的。如果有，那就两顿！

于是，我用了两顿烧烤将沈胥辰成功拿下！我说，你就假装喜欢我一下，假装懂吗？

沈胥辰翻着白眼，让服务员又打包了十串肉筋拿走！可在沈胥辰将的手攥进他的手心时，我就后悔了。

因为我在赵艾嘉的身后，看到了李易阳。

虽然有那么多次，我都会借着沈胥辰这个幌子给他创造机会，他每次在我解释时都会一副了然的表情。

大概在他心里，像沈胥辰这种男生也不会喜欢上我吧。

可这一次不一样。

李易阳看着我被沈胥辰死死抓住的手，眼神里突然像明白了什么。那里面多了些许的意外。

可事情不是他想象的那样啊！我慌乱地用力去抽手，用祈求的眼神望着沈胥辰，快松手！我不想演了啊！

沈胥辰却像瞎了一样，不但无视我的焦急和无助，竟还拧紧了眉头，"我让你很丢脸吗？"

丢脸？我宁愿是丢脸，而不是心痛。

我只想待在李易阳的身边，哪怕被利用也好。可是现在，连这个机会都没有了。

我抹一把眼泪，却怎么也抹不干净那些冲出来的液体。望着李易阳远去的背影，我终于承认，我就一复合型的傻瓜！

我说沈胥辰，你知道那种差点儿就要抱住他，却梦醒了的感觉吗？

等到沈胥辰捂住我的那些眼泪，一下子抱住我时，我竟然在心里想，这到底要多少顿烧烤才能还得清。

7

难道……

这不符合逻辑啊！

我真的无法想象自己这种低级动物竟然爬上了食物链的顶端，如果那样，沈胥辰的脑袋得有多大的瑕疵啊！

所以，当他来抱怨，说我太不地道，在赵艾嘉面前扳回一局就撒丫子没影的行径时，我为自己的想象感到了深深的自责。

就像胡歌在电视上冲你一笑，你以为他是你一个人的，后来发现他是全世界女生的爆款男朋友。

好吧，异想天开的下场是，沈胥辰用二十串肉筋外加四十串羊肉串摧毁了我对人生的想象。

他说："苏丹红，其实我还得谢谢你，让我少了些无聊的纠缠。"

在时光中破茧成蝶

117

　　"哦。"我低头剥蒜，心想他拿我当挡箭牌呢。还好我悬崖勒马，要不然真成了那种给个标点符号，就能还你个三百集狗血剧，每集都有新人物、新台词、新场景、新群演的自大狂。

　　好险。

　　估计哪个女生看到我这种丑八怪和他在一起，都会退避三舍。可他就不怕我是练成葵花宝典后的东方不败吗？

　　至于那些无聊的纠缠？当时好像只剩下赵艾嘉，该不会是……

　　我偷摸拿了串沈胥辰面前的肉筋，被他一巴掌拍下后，狠狠地吃一瓣大蒜进嘴里。

　　他要是知道不久的将来，我要拿他上演一场《安娜·卡列尼娜》，估计拍的就不是手，而是如来神掌了。

　　我以为，我和李易阳之间最后只剩下"你好苏丹红""再见苏丹红"。

　　没想到，他再次找到我。

　　那晚的月色黯然，他站在影影绰绰的月光里，吞吞吐吐道："你能再帮我最后一个忙吗？"

　　我愣了半天，才消化了他说的话。

　　他是说，最后，一个忙。

　　也就是说，我对于他，就只剩下最后的一点儿价值了。这样也好，癞蛤蟆的头仰久了，也会累的。

　　有时我会想，癞蛤蟆到底是真的喜欢白天鹅，还是只喜欢自己想象的那层美好。

可这些都不重要了，重要的是，当李易阳用失望的语气说，如果你喜欢他就算了时，我还是又轻轻地点了下头。

8

我终于明白赵艾嘉当初要把我当好朋友的原因。

天鹅甲拒绝了天鹅乙，只有一个理由。那就是，她喜欢上另一只更好看的天鹅丙。

更糟糕的是，天鹅甲竟然以为天鹅丙会喜欢一只癞蛤蟆。

如今，这只癞蛤蟆为了成全天鹅乙，竟然蠢到要拒绝天鹅丙。因为天鹅甲说过，如果苏丹红那个丑八怪去当面拒绝沈胥辰，她就和李易阳在一起。

这次，我好想换去打醒李易阳，说孩子醒醒，醒醒啊！瞎子也能看出来，她喜欢的不是你啊！

可李易阳用忧伤的语气说，不试试怎么知道。

是啊，不试试怎么这知道这个世界有多少不可能。

可当沈胥辰真的露出忧伤的表情时，我的心竟也跟着忧伤起来，我冲他使劲儿地挤眉弄眼，演戏，演戏而已啊！

他上次不也借我演了半天，应该轻车熟路才对。可他就那样静静地站着，看着我，似到地老天荒。

我永远忘不了那个画面。那个初冬里的第一场雪。

世界一片静谧，只有雪花在静静地飘着，密密麻麻，无声无息地遮满了整个天和地。

在我忍不住想跑上前去问他装什么思密达时，他突然开了口，说："苏丹红，我喜欢你。"

瞬间，周围飘来飘去的雪花都愣住了。

喜欢我……

喜欢我什么呢？喜欢我胖成一堵墙的身躯？还是喜欢我隐藏在身体里的灵魂？

不要太搞笑好吗？这个世界又没瞎。

在雪花都惊呆在空中，我就要感动得当真时，他才露出得逞的笑，用力拍拍我的头，"喜欢有你在，买十份全家桶都不会觉得不好意思啊！"

果然你大爷！

他真的喜欢我，才是天大的笑话好吗。

害得我差一点儿就真的以为他瞎了眼，喜欢上我这种丑到让所有人只会注意到我的丑的女生。

还好，只是差一点儿。

差一点儿我就很嚣张地和全世界叫嚣，叫嚣丑人也配被喜欢！差一点儿就让所有人看出我的端倪。

我是喜欢李易阳。喜欢那些可以拿他掩人耳目的日子，喜欢看似为了成全他多出来和另一个人在一起的须臾时光，喜欢拿他当借口便可以换取的短暂欢喜。

哪怕那欢喜是假的。

哪怕只是一瞬间。

我也会感到满足。

如果我妈知道我拿钱去上补习班，只是为了多看一眼熟睡中的沈胥辰，她该会打死我吧。

是的，我喜欢的人，其实是沈胥辰。

那个上课只是为了睡觉，两顿烧烤便骗他牵了我的手，在KFC里和我抢鸡翅，我哭泣时将我入怀的沈胥辰。

这就是丑人的人生观。

与其都是被拒绝，不如找一个不会那么心痛的人拒绝。

至少，这样痛起来，会不那么绝望。

9

人与人之间很奇怪，许多时候的分开，并不需要轰轰烈烈的仪式，只要不再联系，你们就无处可回。

李易阳再也不会突然叫住我，说苏丹红你能帮我一个忙吗？我也没有了再找沈胥辰的理由。

只有我妈还在热心我将来的嫁人大计。

她说听说你们学校的交换生，只要额外向学校交几万块钱的保证金就可以申请，我打听了，美国人的审美比较奇怪，你去那里肯定大受欢迎……

我听得昏昏欲睡，好想剖腹自杀，手机嘀嘀进来的一条消息让她更加不满。等她夺过手机时，上面只剩下对方撤回了一条消息一行字。

可我还是看到了。

我用力掐了自己一下，疼。再掐一下，还是疼。可我不相信，用力掐了我妈一下，她用看神经病的表情看了我一眼后，我竟笑出了眼泪。

是沈胥辰。

他说：其实，我是真的喜欢你。

后面没有破折号，没有点开全文，没有让我想与全世界为敌的转折。

你看，老天也有瞎的时候，也会有帅哥栽我手里，也会给我们这些丑人留条活路。

可在我以为这个世界就是为我们丑人逆袭所设计时，看到沈胥辰牵着赵艾嘉的手，行走人潮拥挤的大街上。

我逆着人流，朝他奋力挤去，结果一伸手，再一次有一种叫眼泪的东西蜿蜒而下。大概是喜极而泣吧。

这才是人生正确的打开方式不是吗？

王子终究还是娶了公主。

至于那条微信，他大概只是发错人了。

因为发错人，才会想着要立即撤回啊，傻瓜！

我在心底嘲笑着自己，看着他们渐行渐远的背影，竟一点儿都不嫉妒她，仿佛那个结局终于挨到了上演。再也不用揣度，再也不用惴惴不安，再也不用觉得老天为你关了一扇门时，会给你打开一整个世界。

它只是"哐"的一声，把你关在了门外，彻彻底底。

10

后来呢？

后来啊——

当我说起这个故事时，我已经在美国待了三年，成了一个地道的美国通。而此时，正在科罗拉多州一个叫阿斯彭小镇的一家餐馆里洗盘子来赚取生活费。

果然像我妈说得那样，美国人的审美已经逆天了。在这里，没有人会觉得我丑，没有人知道我叫苏丹红，他们通常叫我Beauty。

一旁的苏珊接过我洗过的盘子，"快说快说，后来怎么样了？"

我笑，后来，后来赵艾嘉让我知道，沈胥辰根本没和她在一起。

她说她就是不服气！凭什么我颠覆了他那么多年来的审美观，凭什么他就是觉得我很美！美得笑傲江湖，艳冠群芳……

"我不明白，那他为什么还要和别的女生一起？"苏

在时光中破茧成蝶

珊歪着脑袋问。

是啊，他什么要和别的女生一起。

因为他以为我喜欢的人，一直都是李易阳。所以，当我在他面前哭泣时，他便下了决心要成全我。

成全一个根本不存在的事实。

而我至今都记得，我去美国那天，他用微信发给我的一段话。

他说：喜欢一个人，并不是因为她有多好看，也不是多倾国倾城，只是她刚好能填满我的眼睛。

这一次，他没有撤回。

而我，做了一件让所有人都不解的事，我没有回他，而是默默地拉黑了所有联系方式。

不是欲擒故纵，是真的永不回头。

没有人会真正理解一个长得丑的女生的内心。

不是不喜欢，是不敢喜欢。

越美好，越怕得到。因为，会失去。

周庄：我们生来就是孤独

李阿宅

如果周庄那个雨夜我没有摔倒，如果老乔没有在我身边蹲下，如果我没有像个跟屁虫一样，拽着老乔的衣角不松手，那么我就不会知道这个世界上有像老乔这么纯粹的理想主义者。

我不知道该如何介绍老乔，好像用语言来介绍他，总是会让他身上的某些特质丢失。老乔是一名出色的设计师，同时又是一名不靠谱的咖啡店老板。老乔的咖啡店不大，零零散散地放了几张桌椅，虽然那几张破木头椅子不起眼，却全都是他从世界各地收集回来的，店里的一角上还摆了几只麦克风，老乔每周坐在那个角上录制几期关于周庄的节目，噢，对，老乔还是个网络电台主播。

老乔身份众多，但都不足以用"不务正业"来形容他。老乔的咖啡馆设在逸飞之家里面，如果不是游客推开那扇木门进来参观陈逸飞先生的遗作，谁都不会知道这个四合院里面藏着一个咖啡馆啊。而且，你开咖啡馆就拿出迎客的态度啊？你见过哪个咖啡馆里老板和店员坐在吧台前面品茶，而兼职的妹子抱着画板做作业的！所以，每次有游客从有客人进来，第一句话都是问："这是做什么的店啊？"

我说："乔老板，生意不能这样做啊。"

老乔傲娇地说："我任性，不行啊？"

行行行，谁让您乔老板有钱呢。

老乔的行为是一个典型的艺术青年，但他却是我见过最不像艺术青年的设计师。

主要是他长得太正经了，一眼瞅上去模样普通得就是我们身边一抓一大把的小李小王们，但人家确实曾是高才生，还曾出国进修过。

老乔问我："艺术家应该长什么样啊？"

我支支吾吾想了半天，试图想要将脑海里艺术家的形象和老乔联系起来，但都觉得那不是老乔。

"是这个样子吗？"

老乔从相册里抽出一张照片给我，照片是他八年前在尼泊尔拍的，那时候的老乔看起来确实像个艺术家，穿着肥荡荡的蓝色棉麻裤子，脚上踢踏着人字拖，眼神清冷。

八年前老乔上大二，在一个室内设计工作室实习，每天从设计师那里抱回来一堆创意和图纸，坐在格子间里不停地画啊画，老乔说，那时候感觉自己成了画画的工具了，创意和设计都是设计师来想，他只负责画就可以，时间一久，就失去了自己的想法。某天中午，一边扒拉着桌子上的盒饭，另一只手还不停地修改着设计图的时候，老乔突然在想，自己才二十多岁，为什么要过这样的生活呢。于是把筷子一扔，说："老子是要当艺术家的！"立马办了休学，背着画，没有目的地地往南走。

老乔在旅途上给人画素描，走到哪儿画到哪儿，三十块钱一张。一路上收入还不错，不仅能支撑旅途的费用，还能够请漂亮的妹子们喝杯啤酒。其实那几年老乔生活状态看似放纵随波逐流，其实我知道，他在那几年积累了大量的创作底蕴和灵感的滋养。

后来，老乔就没有再回学校，在家乡苏州开了一家自己的设计工作室，虽然有了工作室，但是仍然还是在路上跑。

我总觉得老乔这种人是不安于稳定的生活状态的，我问他，为什么会选择停止行走，而选择在周庄这么闲适的地方停下来呢？

老乔说，他是2011年日本那场大地震的亲历者。

他轻描淡写地一带而过，我突然就明白了，他这种曾经的浪子为什么会每天和父母通一个电话，为什么会选择在离家几百公里的小镇停下来，为什么会如此淡泊金钱和名利。

《死亡诗社》中所说：医学、法律、商业、工程、这些都是崇高道德的追求，足以支撑人的一生，但诗、浪漫和爱，这些才是我们活着的意义。

老乔把他的咖啡馆当作了工作室，因为并不把营业额当作最重要的，如果你和他聊得投机，他大概是会给你免单的。

因此，老乔说，他是周庄古镇开咖啡馆人群里面最快乐的一个。

那天坐在店里，和老乔聊了整个下午，老乔说我身上缺少匪气，太脆弱。

嗯，老乔说完我又想哭了。好像这么多年，一个人走南闯北，总被人以为练就了金刚不坏之身。就像是那天晚上我走在大雨里给朋友打电话，我说，我一个人在周庄，我特别孤独。朋友诧异地说不出来话，说，你竟然害怕孤独。

你看，每个人都以为你是一座孤岛，每个人都以为你刀枪不入，每个人都以为你百毒不侵，其实没有人知道，也没有人愿意知道你的内心深处早已被风化得只剩断壁残垣。

那天有小朋友留言说，希望能像我一样独自行走，看陌生的风景，听陌生的故事，品陌生的酒。我不知道是否是因为我太过于高调，总是将生活最美好的一面暴露在大家面前，于是总会引来别人的羡慕，说活得自由洒脱。可是，真正的生活并不只是社交网络上呈现的那几张照片而已。每种生活里都包含着喜悦与无奈，我只是在一百种状态里删删减减拼凑出一种看似最光鲜亮丽的而已。亲爱的，如果你想要一个人去旅行，那么首先你要学会的就是战胜孤独。

我自以为一个人生活那么久，独自走过很多地方以后，内心强大到足够将孤单驱逐，但在周庄，我还是被它打得丢盔弃甲。那几天的周庄一直在下雨，梅雨忽大忽小，密密斜斜地打在青黛色的瓦上，腾起片片水雾，坐在客栈的房间内能够清晰听见雨水滴落的声音。住的客栈是由民初教育家沈体兰的故居改建而成，乌瓦白墙的外观内，保留了民初老建筑的完整结构，房内配置皆为一色中式古典家具，而整个客栈只有四间房，除了看店的阿姨，我根本找不到任何说话的人。

我在豆瓣穷游小组发帖求捡，我下载了捡人APP求捡，我发微博求捡，但没有任何一个人搭理我。我也不知道那几天的我为何那样反常，近乎有点儿神经质地渴望陪伴。其实周庄古镇很小，两天的时间就可以把里面每一座桥每一条街道走遍，第四天的时候，我实在无处可去，一个人坐在客栈前厅。透过那扇狭窄的木门看着街上携手同游的那一张张笑脸，阿姨看我实在无聊，指了指我脖子上挂着的那张周庄旅游局给的采访报道证，告诉我可以拿着去看演出。可是等我顶风冒雨的赶到演出检票口的时候，那个不苟言笑的姑娘说没有接到通知不让我进去。来之前，我再三和阿姨确认过，凭着这张证是可以进去的，但无论怎么样解释，姑娘始终不给我放行，于是我又跨越整个园区跑到另一个检票口，仍然是进不去。

　　我放不下脸去重新买门票，索性转身往外走。雨越下越大，我一个人在街道上没有目的地乱晃，那种无处可归的委屈从心里往外冒，特别想哭，可是沿街是酒吧一条街，来来往往的都是人，或许老天爷太想给我一个发泄口了，等我走到一条没人街道的时候，脚下打滑，整个人结结实实地坐在了雨水里。也不知道是摔疼了，还是太委屈，反正那天晚上我把伞丢到了一边，坐在积满水的青石板小路上抱着膝盖哭得稀里哗啦。

　　不知道哭了多久，一个背着相机的男生从我身边路过，捡起被我扔在一旁的伞，撑着伞在我旁边蹲下来不作声地看着我哭。这个男生就是老乔。

　　后来我问老乔："喂，你当时为什么蹲下来？不会是看上我了吧？"

　　老乔一副看破红尘的样子，特别傲娇地说："在周庄待得久了，总会遇见那么一两个神经病。"

　　……

　　口齿伶俐的我竟然被他堵得语塞，一时不知道该说什么。

　　我给老乔店里兼职的妹子看我以前旅行的照片，妹子问我经历这么精彩，那为什么还会哭？我毫不犹豫地说，是因为孤独。

　　可是当我知道，当太阳升起的时候，当我再看到那些陌生的笑脸和友善的眼神，当我再遇到有意思的人听到有意思的故事，我还是会确定，这一切辛苦和艰辛都是值得的。

闪耀璀璨年华

特 别 的 光

左 海

1

阮小胖其实不叫阮小胖，她有一个好听的名字叫阮文雨。因为很小的时候生了一场大病，吃了一些特殊的药丸，她开始变得越来越胖。小学三年级的时候，班里同学就给她取了这个滑稽的名字——阮小胖。

那是还有好多事情都不懂的稚嫩年岁，所以她并不在意这个外号，依旧和那些称呼她为"阮小胖"的小伙伴们一起玩捉迷藏和跳皮筋的游戏。童言无忌嘛，就算说了又怎样呢，毕竟大家也不是真的嘲笑她，因为她实在胖嘛。

好像只是一眨眼的工夫青春期就到了。阮小胖也爱上了穿美美的衣服，讨厌难看的校服。每次和妈妈上街买衣服都是一个艰难的过程，她看到那些琳琅满目的衣服两眼放光，可是往往都没有自己能穿得下的尺码。妈妈总是温柔地摸摸她的小脑袋说："别难过，妈妈给你做。"

半个月后，阮小胖穿上心灵手巧的妈妈做好的衣服兴高采烈地去上学，在同学艳羡的目光里骄傲地微笑。阮小胖当然不可能知道，同学们羡慕的只是她有一个心灵手巧的妈妈能做出那么多漂亮的衣裳。

夏天到了，校园里的香樟树枝繁叶茂地生长，太阳的光线愈发强烈。但这却是女孩儿们最喜欢的季节，她们终于可以穿上各种颜色花样的裙子，踩上一双美美的凉鞋，把头发扎成一个利索又好看的马尾。还有爽口的西瓜和美味的冰激凌做伴，真是一年当中最好的时节。

可阮小胖最讨厌最害怕的却是这个季节，她仅仅只是安安静静地坐在那儿，鼻尖和脑门儿上就会冒出一团汗珠，每天都像蒸桑拿一样燥热难受。有时同学路过她身边，都会捂住鼻子皱着眉头说："这么大的汗味，真难闻。"

阮小胖像所有青春期的孩子一样脆弱敏感，她每天听很多类似的话，看很多类似的表情，只期盼着快点儿结束每一天，回家用香喷喷的沐浴露好好地洗个热水澡。妈妈在客厅看完电视剧，终于忍不住大声喊道："阮文雨，家里的水不要钱吗，还不快点儿出来，也不怕把皮肤擦伤了。"

　　长胖的烦恼实在是太多了，阮小胖小小年纪就学会了唉声叹气。跑步测试永远不达标。午休时间根本不敢睡觉，生怕打呼噜的声音把同学吵醒。拍照片的摄像师总是对她说把眼睛睁开，她难过地想我明明已经睁得很大了啊。天知道她有多想减肥，可是肚子太空了，不吃两份饭根本支撑不了一个下午。

　　有一天阮小胖一屁股坐坏了同班女同学放在椅子上的复读机，她赶紧站起来道歉。女同学双手叉腰一副得理不饶人的样子，指着她的鼻子说："你看你干的好事，每天就知道吃吃吃，死胖子。"阮小胖咬咬牙，抬起涨得通红的脸把女同学推倒在地夺门而去。

　　一个礼拜后，阮小胖给女同学赔了一个全新的复读机，并在妈妈的陪同下收拾书包离开了学校。

　　从那以后，我再也没有见过阮小胖。有人说她变瘦了成了校花。有人说她没有再念书，在家和妈妈学做衣裳，开了一家日进斗金的淘宝店。还有人说她和一些同样胖胖的姑娘组了一个组合，去各大电视台表演。

　　到底哪一个说法才是真的呢，我不知道，我只知道阮小胖是一个善良的女孩儿。她是容易出汗的体质，便主动要求一个人坐最后一排。她知道自己会拖班级后腿，便退出了阳光运动会的接力赛。她给教室里的饮水机换水，帮同学扛着坏掉的课桌去一楼换新的，在有人说她胖的时候笑眯眯地说没关系。她只是希望自己也能被这个世界温柔相待。

我相信，她正和一群善良的人们做伴，在某个地方快乐地生活。

2

见到艺姐姐那年我十二岁，她十六岁，都是花儿一样的年纪。只不过我是小花苞，她正绚烂地绽放。

那是盛春时节，鸟语花香，万物生长，只可惜艺姐姐没有机会看到这些美丽的风景。

艺姐姐搬过来的那天，我正好放假。她安安静静地坐在空空的房间里，戴着一副黑漆漆的墨镜。她的父母进进出出，把大包小包的东西搬到屋里来。

我像个小大人那样走到她身边坐下，清了清嗓子说："我妈妈说戴墨镜对眼睛不好，你快取下来吧。"

艺姐姐笑了，她的笑声特别清脆，她说："你是住在这里的小朋友吗，从今以后咱俩就是邻居了，我叫黄艺，你可以叫我艺姐姐，你叫什么名字呀？"

我执着于那副墨镜，差点儿就伸手去替她摘了，我说："你把墨镜取下来我就告诉你我的名字。"

这时，艺姐姐把一个大箱子放到地上，走到我身边蹲下来说："小朋友，艺姐姐和你不一样，她是可以戴墨镜的……简单来说就是，我呀，眼睛根本就看不见，所以戴了墨镜也没关系，明白了吗？"艺姐姐耐心地解释给我听，从她的声音里我感受不到任何一丝的伤感和失落。

从那以后，艺姐姐就成了我最好的朋友。我经常到她家里玩，我们坐在木桌两端，她读书，我看连环画。艺姐姐读书的方式和一般人不同，她读的是盲文，我第一次见到满页凹凸不平的小点儿，好奇地问她这是什么。艺姐姐就会拉着我的小手去触摸那些小点儿，然后告诉我这个字是什么那个字是什么。

当然，并不是所有小孩都像我一样喜欢艺姐姐。有的小孩会故意在艺姐姐面前做鬼脸，甚至拍她一下然后迅速逃之夭夭。艺姐姐也不生气，只是温柔地笑笑，抬头看一看那些她根本没办法看到的蓝天和白云。我有时候看到这种情形，都会拼了命地去追那些小孩，用可怕的话吓唬他们，然后气喘吁吁地跑回来问艺姐姐，为什么要放他们走，应该狠狠地教训他们才对。艺姐姐笑了，笑声依旧爽朗又清脆，她说："小孩子都没有恶意的，等他们长大一点儿想起今天的事情就会感到惭愧，更何况我不是有你这个小护卫吗，你可以保护我的呀。"

冬天很快就到了，气温骤降。下初雪的那天，我兴奋地指着窗外说："艺姐姐快看，下雪了。"可我马上就意识到她是看不见雪的。艺姐姐走过来摸摸我的头说："艺姐姐以前眼睛还看得见的时候也见过雪的，那时候下的雪真的就像鹅毛一样，一大片一大片地飘下来，不一会儿整个世界就变成了一片白色。"原来艺姐姐并非先天性失明，在她眼睛还看得见的时候，她也感受过这个世界各种美好的颜色。她小心翼翼地把这些无价的记忆珍藏在脑海里，想念了就拿出来看一看。

还有一些风景，艺姐姐还没来得及看一看，比如大海。但是她说，她听过大海的浪涛声，她可以跟随那个声音在脑海里描绘出大海的样子，蓝蓝的，和天快连成一片，壮阔又无边。

"只是，"她又说，"我还没见过流星呢，可是流星滑落的时候没有声音，我不知道它有多美。"

我说："狮子座流星雨就要来了，咱们一起去看吧，我说给你听。"

那天晚上很冷，我和艺姐姐坐在空旷的公园里看流星雨。每当有一颗流星滑过夜空，我就会讲给她听，告诉她流星的光度、大小，滑落的速度，她一边听一边点头。我永远无法感知，那一刻她到底有多向往那一片星空。

艺姐姐的父母工作忙碌以后，给她带回来一只导盲犬。那是一只金毛，在导盲犬训练基地训练了两年，现在正式上岗成了艺姐姐的眼睛。艺姐姐给它取了一个可爱的名字：团子。因为它特别能吃，长得好胖，很有肉感。艺姐姐在家附近开了一家小小的文具店，每天早上起床洗漱后给团子喂一顿早餐，然后牵着它去文具店待上一整天。文具店门口竖了一个小牌子，上面说明了艺姐姐是盲人，请顾客参照价格自觉付钱。文具店的生意很好，没有人拿了东西不付钱，小朋友们都很喜欢团子，常常和它玩一两个小时还不肯走。

我去上大学的那天，到艺姐姐的文具店买了很多东西。艺姐姐执意不收钱，团子也在一旁汪汪叫摇着尾巴配合。走的时候，艺姐姐拍拍的肩膀说："一转眼长得比我高这么多了，我妈总说你长得帅，可惜了，艺姐姐没机会看你长得到底有多帅了。"我说："你以前不是看过刘德华的电影吗，我和他长得差不多。"艺姐姐噘噘嘴，"厚脸皮。"我俩面对面站着，哈哈大笑起来。

3

最后这个故事是我自己的。我得承认，我有那么一点儿紧张。毕竟，这是我从来没跟任何人讲起过的事情。

我叫张若海，我妈妈是一个小公司的普通职员，我爸爸走了。每当我和别人说起这个的时候，他们都会好奇地问我"走了"是什么意思，是离开了还是去世了。"走了就是走了，没什么意思。"我总是这样回答。

在我还很小的时候，我也问过妈妈，为什么非得说得如此模棱两可。妈妈告诉我，只有这样讲我们才能活得不那么艰难。

事情发生在我五岁那年，我爸爸因为一些事情被送进了监狱，刑期二十年。从那个时候开始，我妈妈变成了一个对撕日历特别着迷的人。小时候不懂事，看妈妈每天早上起床的第一件事就是撕一页日历，我以为那是很好玩的事情，于是站在凳子上一连撕了好几张。妈妈发现了以后特别生气，一边拍打我的屁股一边说我不乖不听话。我不解地把这件事情告诉奶奶，奶奶告诉我说："你妈妈呀是在等你爸爸回家。"

关于我爸爸的这件事情很快就传遍了大街小巷，没人乐意和我家有任何来往，就连街角的小卖铺都不愿意卖东西给我和妈妈。于是，我和妈妈离开了北城，来到现在的南城生活，没有人知道我们家的事情，我们过得很平凡也很充实。

只是随着我一天天长大，看到同学们的爸爸接他们上下学，写《我的爸爸》这种命题作文的时候无从下笔，开家长会总是被问为什么一直是我妈妈来参加，我才逐渐意识到没有爸爸是一件很严重的事情。我甚至开始埋怨爸爸，要不是因为他犯了事被关了进去，我现在也可以要求他送我上下学，写一篇能得满分的《我的爸爸》，在他参加家长会的时候骄傲地把他介绍给我的同学。可是，为什么他要做坏事呢？做坏事肯定会受到惩罚的啊，这么简单的道理我都懂，为什么爸爸不懂呢？

每年秋天，妈妈都会带我去见爸爸。小时候见到他会很开心，毕竟我想念他，想念他的大手掌，想念他的大胡子，想念他的幽默感。可上了中学以后，我越来越抗拒去见他。直到有一年秋天，妈妈早早地起了床，撕了日历，叫我也赶快起床洗漱好准备去见爸爸，我紧闭着眼赖在床上不起，任凭妈妈如何催促甚至拉扯，我都死死地抓着床沿。那天妈妈哭得声嘶力竭，然后擦干了眼泪独自一人去见爸爸。

晚上放学回到家，我提心吊胆地打开房门，心想我一定要表现得乖巧一点儿，不要再次惹妈妈生气。没想到，妈妈听到开门声就笑着迎上来，为我卸下书包说："快来吃饭吧，今天做了你最爱吃的糖醋排骨。"

半夜起床上厕所，我看到妈妈卧室的房门虚掩着，我悄悄地走过去，看见她借着微薄的灯光颤颤巍巍地抚摸着一张合照，合照上的我被爸爸笑眯眯地抱着，那是我三岁生日时候的照片。我转身欲走不小心碰到房门，妈妈闻到动静回过头来，我看到了她那双哭红的眼睛。

妈妈说："小海，原谅妈妈，妈妈很自私，没办法再给你一个完整的家。当年你爸爸也是被人骗了，他那么笨的人，怎么可能去做什么坏事呢。所以妈妈要等爸爸，如果妈妈和小海都走了，爸爸就真的没有家了。"

转眼已过十五年，原来等一个人也并不是那么难的一件事情。现在我在离家两百五十公里的省城上大学，每天早上起床的第一件事就是按亮手机屏幕，看一眼日历。

又到了秋天，我和妈妈一起去看爸爸。和往年一样，见到我的第一眼，他总会说："小海长大啦。"

到了要离开的时候，妈妈又一次埋怨见面的时间实在太短。

"爸。"看到爸爸的背影，我突然叫住了他。爸爸缓缓回过身来，这么多年过去了，他还是很精神很健康，真好。

我说："我和妈妈，等你回家。"

4

这个世界很大，我们都很渺小，我们相同，也不同。

这个世界上有很多个阮小胖，有很多个艺姐姐，也有很多个我，还有很多其他特别的孩子。我们呼吸着同样的空气，行走在同样的阳光里，吹着同样的风。

我们和周围大多数人相比是特殊的群体，但我们也和大多数人一样用心地生活着。我们都是这个世界上普通又平凡的个体，各有各的光芒。虽然，我们发出的光和大多数人相比有那么一点点不同，但我们同样温暖，同样有着生命的热度。

葵花小姐不合群

闻人晴

1

于小葵人缘一点儿都不好，因为同学们都知道她这人古板又"缺德"，爱告状而且还坑朋友，从此全班同学对她都敬而远之，葵花小姐就被孤立了。

事情的起因是这样的。

原本罗雯雯和郑瑶都是于小葵的好朋友，她们仨的关系全班同学有目共睹。有一次罗雯雯好不容易鼓起勇气向要见网友，不过是拜托了于小葵陪她一起去，可谁知于小葵不仅拒绝了罗雯雯，还把她要见网友的事情告诉了她的妈妈，害得罗雯雯被妈妈大骂一顿。

从那之后罗雯雯再也没有理过于小葵，可苦了夹在中间的郑瑶。然而接下来的期末考试，让郑瑶彻底寒了心。

郑瑶的妈妈答应她如果这次考试进了学年前五十名，暑假就带她出去旅游。郑瑶的成绩一直处于中下游，要一下子考进前五十简直就是痴人说梦。本来她也没指望于小葵能牺牲原则帮她，可她万万没想到，于小葵不帮她就算了，还威胁她说如果敢作弊就去告状，害得郑瑶期待了半年的旅游泡汤了。

于是，于小葵的两个朋友都不理她了，葵花小姐变成了壁花小姐。

罗雯雯和郑瑶虽然生于小葵的气，但是也没想过要孤立她。暂时不理她只是希望她能主动过来道个歉，但于小葵好像一点儿自觉都没有，对于她们不理她的事也表现得无动于衷。从此以后，于小葵彻底没有朋友了。

2

陈沐沐是全班成绩最差的同学，一般对这种头疼的学生，老师们都会选择让班上成绩最好的同学帮助辅导，美名曰"同学间的互帮互助"。

于小葵虽然人缘不咋地，但是成绩却是顶好的，于是老师便把陈沐沐丢给了于小葵，让他们每天放学后在班级里补课。

作为一名讲义气的热血少年，陈沐沐最看不起的就是于小葵这种出卖朋友打小报告的人了，于是他来了个下马威，道："你别以为成绩好就了不起，像你这种人最讨人嫌了，全班同学都不喜欢你你看不出来吗？"

于小葵淡定地回答道："老师只说了让我给你补课，我没有必要讨你的喜欢。"

陈沐沐气得七窍生烟，大叫道："我凭什么要听一个人品烂的人讲课？你别指望我会配合你！"

"学不学是你自己的事，跟我没关系。"

"你敢保证我现在走了你不去找老师告状？"

"我保证，你走吧。"于小葵头也不抬地说道。

但是这一举动在陈沐沐看来却是心虚的表现，一个连好朋友都出卖的人的话怎么可以相信？陈沐沐更加鄙视于小葵了，这人不仅爱告状而且还不守信，人品真不是一般的烂。

然而，事情的结果却让陈沐沐失望了，第二天什么事都没有发生，老师也没来找他谈话，于小葵并没有去告状。

放学后，陈沐沐不服气地说道："你以为你没告状我就会感谢你吗？我才不会！"

于小葵揉了揉耳朵，不耐烦地回答道："我也不想要你的感谢，如果不学习的话你就别在这里打扰我学习了。"

"谁稀罕搭理你！"陈沐沐大吼一声就风风火火地离

开了。

就这样过了半个月，老师还是没有发现其实陈沐沐每天都在翘补习课。

这天，陈沐沐心血来潮地留下来补课，看到于小葵还是板着脸一本正经的表情，嘲讽道："我说你是不是对我有什么企图？不然为什么都不去打小报告？还是说你又有别的阴谋？"

于小葵毫不客气地回嘴道："你想太多了，我只是懒得理你而已。"

陈沐沐恼羞成怒，故意戳于小葵的伤口："我才懒得理你！我只是看不惯你而已，罗雯雯和郑瑶还真是可怜，摊上你这样的朋友，结果都被你害得不浅。"

于小葵正在写字的手顿了下来，陈沐沐一看自己踩到地雷了，觉得有些抱歉，但是转念一想明明做错事的就是她怎么还不能让别人说了？于是他更厉害地吼道："瞪什么瞪？你做错事还有理了？"

"我没做错事。"于小葵留下这句话就收拾书包走了，这是补课这些天以来，头一次于小葵比陈沐沐先离开教室。

3

月考成绩下来之后，陈沐沐终于知道于小葵有什么阴谋了。

老师办公室里，陈沐沐像个霜打的茄子一样低着头听老师的训话，"人家于小葵辛辛苦苦帮你补习一个月你就考成这样？你说说你天天都学什么了？"

陈沐沐一下子回过味来，他说怎么于小葵那么慷慨天天放他走还不告老师，原来在这等着他呢！不过他可不会让于小葵得逞，这次他就要让于小葵尝尝被人打小报告的滋味。

于是陈沐沐装出一副委屈的样子，说道："老师您也不能怪我啊？于小葵总是说有事要先回家，根本就没给我补过几天课。"

老师将信将疑的把于小葵叫到办公室，问道："你这些天放学没给陈沐沐补课？"

于小葵老实地点了点头。

"就算你不想给他补课也好歹跟老师说一声啊，你这样不是把他给耽误了吗？"

陈沐沐以为于小葵一定会推到他的身上，都想好怎么反驳了，可于小葵只是对老师认真地说道："老师，能耽误他的只有他自己。"

从老师办公室出来之后，陈沐沐赶忙追上于小葵，恨恨道："你心眼儿还真不少，看见我被老师骂你心里舒坦了？"

于小葵觉得自己这段时间对陈沐沐太容忍了，所以才导致他一再的得寸进尺。为了减少以后的麻烦，于小葵还是决定要和陈沐沐好好谈谈。

"我觉得你好像误会了，首先，你被老师骂是因为你成绩差，跟我没有任何关系。我是答应了老师要给你补课，但是不学习是你自己的选择，别把责任推到我的身上。还有，我和我朋友之间的事也不用你来插嘴，我的人品也不用你来判断！"

陈沐沐被这么一段气势汹汹的话给镇住了。他一直以为于小葵除了会告状之外就是个任人揉捏的软柿子，没想到她竟然有胆子这么对自己说话。

反应过来之后，陈沐沐又羞又恼，羞是因为他很清楚于小葵说的话是对的，他自己不好却把责任推到了于小葵的身上；恼的是他一时间竟找不出话来反驳她。

陈沐沐脸涨得通红，只好揪住人品的事，"你自己做了对不起朋友的事还不让别人说？"

于小葵还是那句话："我没做对不起她们的事。"

这句话刚好被路过的罗雯雯和郑瑶听到，她俩微微一愣之后，无视于小葵走了过去。

陈沐沐幸灾乐祸道："看吧！她们都不愿意理你，谁叫你那么死不悔改。"

于小葵不明白为什么所有的人都说她错了，就连罗雯雯和郑瑶也不理她了，可是到现在她都不知道自己错在哪里。

罗瑶瑶要去见网友，现在见网友出事的那么多，她当然要去阻止。但罗瑶瑶态度坚决根本就不听她的，所以她只好告诉了罗瑶瑶的妈妈。

郑瑶想出去旅行的事她也知道，所以她准备了很多复习的资料想帮郑瑶，可郑瑶却只想着怎么作弊。靠作弊得到的奖励就算得到了也不会开心的，而且这属于欺骗，她不能眼睁睁地看着朋友做错事。

陈沐沐说她死不悔改，可是如果给她一次重新选择的机会，她还会这样做。

"当朋友哭泣的时候，陪他一起哭泣就好了；当朋友烦恼的时候，你就搔头跟他一起烦恼就好了，只要是朋友的话，什么样的痛苦都能一起分担。如果朋友走错了路，即使破坏了友情也要阻止他。"

这是她在《银魂》里看到的一段话，她十分认同，所以她破坏了友情也没觉得自己做错。

4

其实昨天陈沐沐看见罗雯雯和郑瑶无视于小葵的时候，感觉于小葵挺可怜的，但是可怜之人必有可恨之处，所以他又在旁边补刀了几句。

回去之后他就后悔了，毕竟只有当事人才有资格埋怨于小葵。如果抛去先入为主的坏印象，就这段时间的相处看来，于小葵并不是那种爱打小报告的人，更何况那两个人还是她的朋友。

如果只是靠"听说"去判定一个人的好坏就太不公平了，所以他决定靠自己的双眼去了解于小葵。

首先，他先找到于小葵，主动道歉道："这段时间是我不好，我承认我是故意找茬，对不起！"

于小葵怀疑地看着陈沐沐，不知道他在打什么鬼主意，毕竟他昨天才跟自己大吵了一架。

"你不用怀疑，只是我回去反省了一下，你好心帮我补课，我不领情还说了很多过分的话，真的对不起。"

见陈沐沐着急得就差给她鞠躬谢罪了，于小葵也就接受了他的道歉。

从那以后，陈沐沐和于小葵成了好朋友，班里的同学唏嘘不已，想不到这两个人居然能合得来。

陈沐沐和于小葵混熟之后，发现这个人除了古板一点儿之外其他方面都挺好的，于是他忍不住说道："其实如果你去道个歉的话，罗雯雯和郑瑶应该都会原谅你的。"

昨天于小葵回家之后，郑瑶和罗雯雯找过他，意思是以后别找于小葵的麻烦了。当然他才不是因为怕她们才向于小葵示好的，他早就开始反省了。

"我没错做事为什么要道歉？"

关于这一点儿谁都说不动于小葵，说难听一点儿于小葵就是个方脑壳，认准了死理是不会妥协的。

"你在跟她们赌气吗？"

于小葵没有回答，陈沐沐继续自顾自地说道："其实你就是太死板了才会被人误解，你看那天我逃掉补课回家你都没告诉老师，难道对自己的朋友不应该更加宽容一点儿吗？"

"正因为是朋友才不能看着她们做错事，可能现在没造成严重的后果所以大家都觉得无所谓，但是很多重大的错误都是一点点被纵容出来的，我不能看着我的朋友走错路。"

如果罗雯雯见网友遇到坏人，即使于小葵跟着去了也不一定能救得了她，那时候再说什么都来不及了。郑瑶也是，如果一次作弊得逞她以后就会更加依赖作弊，但是高考的时候是没办法作弊的，最终只会害了她自己。

这些话于小葵不会跟别人说，她觉得对着别人说"我这么做都是为你好"更像是解释的借口，她没做错事所以不需要解释。

陈沐沐无奈地叹了口气，看来说服于小葵道歉是不可能了。

5

于小葵的这种想法比一般的同龄人成熟，在最容易叛逆的少年少女的眼中看来，就是站在大人那边的，所以显得她不合群。

其实如果站在理性的角度深入思考的话，就会发现其实于小葵才是对的。

这一点陈沐沐都能发现，更何况是罗雯雯和郑瑶呢？

她们并不是因为事情本身而生于小葵的气，她们生气的事于小葵无所谓的态度。不是说只要是朋友，任何事情都能一起承担吗？她们不用于小葵道歉，只希望她能解释一句，哪怕是最常用的套话"其实我是为你好"也可以。

然而于小葵打死都不说，真是气坏了罗雯雯和郑瑶。

陈沐沐的出现让她俩有些沉不住气了，如果于小葵身边有新朋友了，是不是打算以后都不理她们了？

没办法，她俩只好主动去找于小葵算账。

于小葵有点儿惊讶，问道："你们不是在生我的气？"

郑瑶没好气道："知道我们在生气你还不来哄我们？"

"……怎么哄啊？"

事情的发展超出了于小葵的发展，她只好去找陈沐沐求助。陈沐沐一听，用无可救药的眼神看着于小葵，说道："很明显啊，她们早就不生你的气了，只是想找个台阶下而已。话说在你看来友情到底是有多脆弱啊？你该不会以为这点儿小事就会让你们绝交吧？"

于小葵忽然发现一直以来，自己都错得离谱。她总是想着自己破坏了她们之间的友情，可是真正的友情哪有那么容易被破坏？

是她把友情想得太脆弱了，因为害怕被拒绝，所以不敢解释也不敢道歉。其实朋友之间，只要相互为对方着想的话，没有解释和道歉也一样可以明白彼此的心意。即使有时候他们也会赌气，只要撒个娇卖个萌，给对方一个台阶，没什么解决不了的。

圣诞、烤红薯、枯枝与雀斑小姐

街　猫

失踪的女朋友

我的女朋友不见了。

我特地在圣诞节的早晨飞来她的城市，想给她一个惊喜，却发现任何通信工具都无法联系上她。我来到她宿舍楼下，被她舍友告知，她在平安夜前一晚就坐火车去找男朋友了，临走时背着一个黑色大书包。

开什么玩笑，我就是她男朋友啊！

耳边依然是客服小姐温柔却没有温度的声音："你拨打的电话已关机……"这种情况从前从没出现过，无论吵架还是冷战，24小时开机是我们最坚硬的默契。毕竟对于异地恋来说，开机是电子宠物，一关机就是人口失踪。

难道说，她背着我还有一个男朋友？这个想法一窜出来我就想拍死自己，怎么可能，她是那种连自己的银行卡密码都能忘记的人。那么只剩一种可能了，她和我一样，想不事先说好给对方一个惊喜，却在路上发生了意外。她这么一个瘦瘦小小的女孩儿，此刻不定在经历着怎样残忍的事情。

天啊。

我整颗心都揪了起来。

就在这时，她舍友打了电话过来，告诉我在女朋友的抽屉里发现了一张去往A城的火车票。

那正是我所在的城市。

我看着那张火车票，上面写着开车时间是12月24日9点30分。难道说，她买了去看我的火车票却在去搭火车的时候忘了带票？不对，她舍友说她在平安夜前一晚就离开学校了，很可能她的目的地根本就不是我的城市。也就是说，她本来打算去和我一起过圣诞的，却临时改变了主意。她为什么会改变主意呢？她去了哪里？她为什么会关机？

"她离开之前跟你们说是去看男朋友？"

"这倒没有，这张火车票她一个多月前就买好了，整天嚷嚷说要和男票一起过圣诞。"

"她最近，嗯……有什么不一样的地方吗？"

"不一样的地方……好像比较安静吧，总是戴着耳机。她上周发了一次烧，退了之后一直没什么食欲。她走的那个晚上还给我们每人买了一个大红薯。”

她上周发烧了？她怎么没有告诉我。我模模糊糊想起来，大约也是上周，她在凌晨给我打过一个电话，说她睡不着。但我那几天忙着写编程实在太累了，三更半夜被吵醒难免有点儿火大，敷衍几句就把电话给挂了。转眼就把这事忘了。

“她最近有没有跟你们提过什么地方？”

“没有。前段时间倒老说A城的烤红薯就是比这里的好吃。”

是啊，她夏天最爱冰镇西瓜冬天最爱烤红薯，这么多年没变过。去年我们一起在A城跨年，烟花在天空绽放的那一刹那，她转过头对我说，不想回B城了，想留在这里陪着你，摆个小摊，卖烤红薯。我笑她胸无大志，却极爱她那个单纯甜美的笑容。这一年来发生了太多，克莱德汤波发现冥王星，巴黎被恐怖袭击，周杰伦结婚，黑曼巴科比退役，我和家里老子的对抗趋向白热化，在激烈的争吵中说出一些难以挽回的话，我再没有向家里要过钱。我为了养活自己做各种各样的兼职，日子过得水深火热。我固执地认为，只要不要他的钱，就不用听他的话。学业也日趋紧张起来，常常在宿舍写编程写到天昏地暗，然后一躺下就是睡两天。就在这两天我错过了女朋友的生日，在后知后觉中懊悔不已，于是我更加努力打工攒钱买了一条施华洛世奇项链寄给她。回忆还在蔓延，记忆里的那个人却找不到踪影了。我打开手机，看看能不能在近排的联系中找到什么蛛丝马迹，四天前有个三分钟的通话，但我却一点儿也想不起这个电话了，除此之外这一周的聊天记录少得可怜，我总是没有及时回复她，因为……因为我觉得"你想我吗"这类事情没那么紧要。那几天我满脑子想的都是赶快把这边的事情处理完然后飞过去和她一起开开心心过圣诞。

可你到底去了哪里啊？

电脑！

我一个激灵差点儿叫了出来。对，我早该想到的，我应该翻她的电脑。

开机密码不难猜，是我的生日。果然，我在最近的网页记录中看到很多F城的相关资料和图片，黑森林蛋糕、酸奶红薯、巴黎涂鸦墙，明信片火车屋，罗森广场今年运来了一棵十八米高的巨型圣诞树。

我立马买了一张去F城的汽车票。

你看清楚了我脸上的雀斑

一走出车站满面扑来浓浓的节日气息，各大商场都在门口放着一颗亮晶晶的圣诞树，有圣诞老人站在街头给小孩子派发气球，也有街头卖艺人在演奏着欢乐的歌曲。

我从街头走到街尾，人群中每一张脸庞看起来都是发自真心的快乐，可是没有我最爱看的那一张。我打女朋友的电话，依然关机。

突然我发现人流都在往同一个方向走，我问了人流中一个女孩儿，她说，去罗森广场啊，有圣诞老人在那里发礼物哦。

对，女朋友的电脑里有一个广场的照片，图片里有一棵巨大的圣诞树。

我不由得加快脚步，心里的预感越来越强烈，我的手指竟不由自主在颤抖。

那是我见过的最高最大的圣诞树，一大群小孩手拉手围着这棵树在转圈圈。人群熙熙攘攘，小孩子的喧哗此起彼伏，但我一眼就看到了站在南边的女朋友，她旁边站着一个弹吉他的家伙。果然，我一颗心终于落了下来。

半年没见，她变瘦了，头发长长了，扎成一个弧形的马尾，脖子上绕着一条浅灰色围巾，颈边短短的毛发略显凌乱，却更衬得她可爱。我看到她从口袋里掏出几个硬币，弯下腰放进演唱者的琴盒里，在起身的时候和那个弹吉他的家伙相视一笑。是那种不露牙齿的、甜美致死的、稍纵即逝的、我最爱看的笑容。这个场景莫名其妙地让我有点儿火冒三丈，我走向她，同时更加仔细捕捉吉他的每一个音，希望找出破绽，以证明他的演奏并不值得女朋友的笑容。

我悄悄走到她的身后，伸手轻轻遮住她的眼睛。

她没有动，也没有说话。直到我伸手抱住她，她很快挣脱了。

她就这样直勾勾地看着我，没办法我只好开口，在车上想了一万句见到她要说的话，开口却变成了"你发烧了怎么不告诉我？"

"怕你叫我多喝水。"她声音有些沙，有些沉，有点儿感冒的鼻音。

……

我真的有说过这种蠢话？

"我才不会。我会告诉你，陈皮有助于退烧，我奶奶告诉我的。"

"其实，是你退烧了吧。"

"啊？你在说什么啊？"我伸手去摸她的额头，她轻轻闪开了。

"我说，你退烧了！"她的声音突然高亢起来，吓我一跳。"刚开始的时候，你就像发烧一样，整天去学校找我，整天打电话给我，嘴里念的心里想的都是我！然后慢慢就看清楚了我脸上的雀斑，看到了我袜子上的破洞，看腻了我无聊的短发，于是你懒得理我有没有指甲油了。"她越说越大声，"再然后，你突然就清醒了，烧退了，你把头往窗外一伸，一双双大长腿接踵而过，每一个脸上的表情都那么新鲜。你人不见了，电话不打了，消息不回了。"

"你在说什么啊！什么大长腿……"

"我说这么多，你只听到什么大长腿!"

"不是……"

"你忘了我的生日，忘了我喜欢的颜色，忘了我的胃痛，很快就要忘了我的名字，忘了我这个人。"她说着眼泪掉了下来，像断线的珠子停不住，我才看到她心里伤心的小人藏了那么久。可是胃痛的事，她真的没跟我说过，如果说过我不可能一点儿印象都没有。

"我才不喜欢什么大长腿，我就喜欢小雀斑。"

"别哄我了，我都听到了。"

"听到了什么？"

"别装了。我打电话给你，你朋友说那个女孩儿身材很棒，你说哇脖子以下全是腿，你朋友说要不要去帮你要号码，你说去啊去啊……去啊去啊，去找你的大长腿啊!"

天啊。我想起来了，是四天前那个电话，我不小心接了却没听那个。

"那种话是开玩笑的啊，你也不想想看，脖子以下全是腿多恐怖啊，那分明是蜘蛛啊——喂，你别哭了好吗？"那个技术宅怎么可能真的有胆去跟美女搭讪，让他随便跟哪个女的说句话他都会脸红结巴。

我想帮她擦干眼泪，她狠狠甩开了我的手，然后转身走掉。

卖不完的烤红薯怎么办

我们一前一后，像在比赛竞走。

"真的不是你想的那样，我做梦都喊着你的名字，怎么可能会忘了你？"

"少贫。"她声音闷闷的。

"真的。不信下次我叫我舍友拿手机录出我的梦话发给你听。"

"你累不累啊？"

"我要进去买水，要给你带一瓶吗？"

"好了，我投降，竞走冠军颁给你行了吧。"

还是不理我。甚至路过热气烘烘的烤红薯摊都不瞧一眼，看来问题比我想象中还要严重一点儿。换以前，一看到卖红薯的她就很激动，就算不买也要停下来跟人家阿伯聊几句，她最好奇的是卖不完的红薯要拿去哪里。

"你知道吗，卖不完的红薯会被倒进垃圾桶里，就像卖不完的珍珠卖不完的汉堡一样。"

"你怎么知道？"她肯搭腔了。

"我在一家面包店干过兼职，里面也用烤箱烤红薯。也在奶茶店和汉堡店做过，卖不完的东西都要扔掉的，就算要扔掉也不能低价卖，你经济课认真听的话应该知道为什么。"

"你怎么做过那么多兼职?"

"赚钱啊,跟我家老子闹崩了。我要证明给他看,我选择自己喜欢的城市自己喜欢的专业是对的,不是非得依靠他才活得下去。"

"你怎么都没跟我说过这些?"她回头看了一眼。

"男人嘛,很爱面子的咯。"

她笑了,说"你都没钱了干吗还给我买那么贵的项链?"

"配你,什么都不算贵。"我说得一本正经。

"放屁。你连我生日都不记得!"

"这是个意外!我发誓,其他我什么都记得!"

"我喜欢肯德基还是麦当劳多点儿?"

"麦当劳。"

"我喜欢百事还是可口可乐多点儿?"

"百事。"

"我有多少条牛仔裤?"

"八条。"

这个我瞎蒙的,我估计她自己也不知道有多少条。

"我最喜欢的一句电影台词是?"

"留下来,或者我跟你走。"

"夏天的雨水是什么味道的?"

"西瓜味的。"

"你真的把剩下的红薯倒进垃圾桶了吗？"

"没有。我把它们打包装进书包，拿去分给公园里的流浪汉了。"

她转过身来了，眼睛跟兔子一样红红的，但眼神里有了笑意，问我："最后一个问题，你第一次吻我之前是不是吃了咖喱？"

这个，我真不记得了。

关键词不是夏天

我走进便利店买了一杯咖啡，居然没有雀巢的，我喝惯了那个牌子。

拿被咖啡杯烫过的手去牵她的手，才发现她的手冻得可怕。于是我把她的手塞进了我的口袋里，把咖啡杯贴近她的脸。上次牵她，她还是短发。一下时间已经过去那么久，距离我第一次在海边遇见这个短发少女，已经过去三年。那时她穿着校服衬衫和一条碎花短裙，露出一截小腿，腿上沾着海上的沙。她努力做出一副盛世凌人的样子，语气里却藏不住小心翼翼，"我钱包被偷了，你可以借我五块钱坐车回家吗？"后来第一次吵架，吵到最后两个人都忘了是为什么吵，但她就是生气，坚持不理我。我在雨天拿着一把伞站在她宿舍楼下，想着如果她刚好想出门又忘了带伞呢。她总是这样，我想象着她踩着人字拖从楼上蹦跶下来的样子。那样我就可以装作路过一副勉为其难的样子说送你一段吧。运气好的话，说不定还能搭一下她的肩膀。记忆中她总是短发，除了这个阴差阳错在异乡度过的圣诞。

街上的行人稀稀疏疏地散了，昏黄的路灯照着两旁光秃秃的树枝，这样的景色容易让人感到萧条，女朋友却说很喜欢这种呵气成霜的季节，我明明记得她说过最爱夏天，这个不可能出错。

她说："我那时说的是和你在一起的夏天，关键词不是夏天，而是你。"

哎，她总是用一种傲娇的表情去说一些很好听的话。走在我的前面，留给我一个骄傲的马尾。

"以后别再乱跑了，一定不能关机。"

"谁叫你对我爱搭不理的。"

我很高兴你的胃痛好了

走进了一家外表是火车形状的店，里面四面墙都贴满了来自世界各地的明信片。人们可以在里面给心爱的人写一张明信片，选择保存在店里，或留下对方地址一年后寄达。女朋友和我不约而同地看了彼此一眼，我猜她想起了和我同样的事情。

那是我们第一次也是唯一一次的旅行。那时我们高三刚毕业，我还是一个怕苦怕累怕无聊的少爷。我坚持要坐飞机，她坚持要坐火车，谁也不愿意妥协。僵持了半天，最后决定用一种最简单粗暴的方法来做选择——剪刀石头布。我输了，但心里还是不情不愿，对车上每个人都黑着个脸发送"生人勿近"的讯号，特别是那些靠近她搭讪的男人。她倒好，直接无视我，对每一个人都和颜悦色谈笑风生，唯独对我冷着个脸不理不睬。没办法，我不理别人，她不理我，实在太无聊了。我在她手机的备忘录里留下了一段真心话："我坐在那里不安，因为他们同样不友善。我也不放心你在一群男人中间坐着。我需要时刻保持着警惕，一个比喻，我当时就像守护领地的狮子，必须有威严就算一点点也好。不是我不友善，是我们需要这种能给人一点儿不舒服的感觉，这是最好最简单的护身符。"说来奇怪，那段话她下一分钟就看到了。又重新理我了，问我想吃红烧肉味还是酸菜鱼味的晚餐。其实晚餐就是一杯泡面。

后来我坐在电脑前吃了无数杯泡面，吃到闻到酸菜的酸味就想吐。桌前堆满垃圾，碰倒喝到一半的咖啡弄脏了书，锁在抽屉里第五乐章好久都没练。手表盒里装着一叠厚厚的火车和电影票。窗外的两排法国梧桐绿了变红，红了又黄，落叶成诗，变成枯枝，来年依然繁茂，树下的少年永远年轻。

"喂，你明信片上写了什么？"

“一年后你就知道啦。”

“对了，”我突然想起，“你经常胃痛吗？我奶奶说用一种胃药很管用，我明天问问她。”

“嗯……不是这种胃痛，是那种没办法靠药物减轻的胃痛。”

“啊？胃癌吗？”我一下紧张起来。

她有点儿不好意思地刮了刮自己的鼻子说：“你看过《这个杀手不太冷》吗？”

“看过啊。”

“那你记得那个女孩儿对杀手说，我的胃很暖和，以前这儿有个结，现在没了。杀手说，我很高兴你的胃痛好了。我得的就是这么一种胃痛，一想你这儿就痛。”她指了指自己的胃，有点儿不好意思地笑起来，眼角皱起害羞的小细纹。

刺猬和栗子

夏不宁

有一只栗子，不知道为什么，它的表面不像一般的栗子那样光滑，而是长满了尖尖的刺。

别的栗子都不和它玩，不只是因为害怕它身上的刺，而且觉得它很奇怪，与它们都不一样，觉得它很格格不入。

栗子很伤心，它也不知道为什么它会有刺。它曾尝试过拔掉身上的刺，可刚拔掉一根，就疼得满地直打滚。它觉得很孤独，别的栗子不敢轻易靠近它，它也不敢去接近它们。

它怕它的刺会扎伤它们。

有好几次，路上有水果摔倒，它都很想去扶起它们。可它想到，它身上有刺，会扎到它们。

好像一种与生俱来的诅咒。

有一天，栗子无聊地坐在河边，看着水里自己的倒影，它一边叹气一边往水里丢小石子。有一只刺猬悄悄地坐到了它身边，也学着栗子一样往水里丢小石子。栗子表面上没有什么反应，实际上一直在观察旁边这位不速之客。也不知道为什么，在刺猬的身边，栗子觉得很安心。或许是因为它们都有刺吧。

和与自己类似的人或物待在一起，总会有莫名的安全感。相反，在陌生的人或物旁边，会觉得惴惴不安。

渐渐地，栗子和刺猬开始暗暗地比谁丢的石头溅起的水花大。刺猬有些得意地看着栗子，因为暂时来说是刺猬领先。栗子很不服气，它搬起旁边的一块大石头丢了下去。

然后……然后水花溅了它们一身。它们面面相觑，愣了几秒后，它们都笑了。

它们成了很好的朋友，也是对方唯一的朋友。

栗子曾问过刺猬："为什么没有其他刺猬和你玩？"

刺猬嘿嘿地笑了两声，"可能它们觉得我太笨了吧。"栗子不以为然地哼了两声。

它才不笨呢，它是这世上最好最聪明的刺猬。

其他栗子都笑话它居然和一只刺猬一起玩，它就对着它们做鬼脸。谁让刺猬才是唯一那个不嫌弃它有刺的人呢。

友情这种东西是讲究以心换心的。

它们一起去爬山，一起去冒险，一起去传说中有鬼的屋子。栗子可以拿它的栗子肉担保，它活到现在加起来都没有和刺猬在一起的时候开心。

曾经它们遇到一只年老的苹果，它问栗子："你究竟是什么东西啊，我从来没有见过这么奇怪的水果。"

"栗子啊。"栗子老老实实回答。

"栗子怎么会有刺？"

"不对不对，它是只刺猬。"刺猬忙解释。

苹果眯起了眼，像在分辨谁说的是真谁说的是假。

栗子和刺猬相视而笑。

虽说现在有了刺猬的陪伴，可是栗子还是很希望其他栗子也能认可自己。它不想看到别人奇怪的目光和指指点点，就像上次那只苹果一样，它不想别人都认不出它是只栗子。

然而有天，当栗子醒来后，它发现它的刺脱落了，露出了下面光滑的壳。就像其他的栗子那样的壳。

栗子欣喜若狂，它在路上遇到其他栗子，它们友好地向它打招呼。

栗子好开心，在短短的时间内，它有了许多朋友。朋友们邀请栗子去它们家做客，它们一起去踢球，一起去游泳，一起去爬山。

栗子很快乐。

过了很久，栗子才想起来去找刺猬。它走到刺猬面前，可是刺猬好像不认识它。栗子说："你不认识我了吗？"

刺猬这才认出来栗子。

"你看，我没有刺了。"栗子高兴地说。

刺猬却拘谨地绞着手，默默地向后退了一步。它怕它的刺会扎到栗子。"你看，你身上的刺没了，老是和我待一起会被我扎到的，还是离我远点儿吧。以后也少来找我吧，别人看到会笑话的。"

刺猬走了。

和与自己类似的人或物待在一起，总会有莫名的安全感。相反，在陌生的人或物旁边，会觉得惴惴不安。

其实刺猬不傻，它只是很单纯。它想的其实很简单，栗子没有了刺，它们就不是一个世界的人了。当栗子成了真正的栗子，栗子和刺猬也就没有了交集。

栗子很难过。

它身上的刺是没有了，可是它，已经失去了最重要的东西。

盛开的回忆之花

替我告诉顾一凡，别做老好人

闻人晴

1

我一看见顾一凡就闹心。她是个不懂拒绝的人，不管别人拜托什么她都照单全收，每天给自己揽一大堆事情，把自己累得半死不活的。在我看来，她就是个不折不扣的老好人。

其实我有些明白顾一凡的心理——她不是不想拒绝，而是不敢拒绝。在"强盗逻辑"盛行的今天，拒绝就等于得罪人，如果没有被喷的心理准备，是轻易不敢拒绝人的。特别是像顾一凡这种各方面都很优秀的人。

虽然我自己这么说不太好，但我跟顾一凡很像，我们都属于在各方面很出色的人。唯一不同的是，就算是"举手之劳"，我也不愿意帮助别人。

结果可想而知，我在班里人缘特别差，大家对我的评价基本上都是"自私""自大""不乐于助人""斤斤计较"之类的贬义词。

我并不在意那些人的说法，他们只不过是因为没从我身上捞到好处所以跳脚乱咬人罢了？和他们计较我的水准也会变低的。

可顾一凡却不这么想。

这天放学，我看见顾一凡在整理生物课的实验报告。其实她的任务只是把各个小组的报告收上来交给老师就好了，可是很多小组成员只是记录了实验的数据并没有整理，所以她这个课代表就"发扬精神"，留在班级帮他们整理。

我看了看外面的天色，夕阳已经把天空映成了红色。她手边还有一大半没整理的报告，照这个速度下去，她回家的时候天已经完全黑了。

无奈，我只好过去劝道："你别管了，直接交给老师不就好了？反正他们作业完成的好不好跟你都没有关系吧？"

可能是没想到班里还有人，她吓得一激灵。抬头看到是我之后才憨笑着回答道："没事，我都答应别人了，也费不了多大劲儿。"然后她又低下头继续整理了。

我一阵气闷，站在旁边看了她许久，终是看不下去坐到她旁边帮她整理起来。她惊讶地抬起头看我，我没好气地说道："看什么？不抓紧弄完你家里人还等着你吃饭呢！"

她赶忙继续整理，结结巴巴道："谢……谢谢你啊！"

我心里更来气了，这些乱七八糟的报告没一份是她的她谢什么？说到底得了好处的还是那些人，可那些人连句正经的谢谢都没对她说过。

我终于明白自己的气愤来源于何处——我替顾一凡感到不值。

2

"强盗逻辑"指的是：如果你什么都好，帮助别人就是你的义务。不管别人提出多么无礼要求，只要你拒绝，其他围观的人就会开始指责你，好像你不帮别人就成了一个十恶不赦的罪人一样。

看见这种不要脸的逻辑我也是醉了。只有像顾一凡那样活在别人眼里的人才会被别人的言论束缚，可恨的是，我却做不到对顾一凡的努力视而不见。

暑假马上就要来了，有人提议用剩下的班费在放假之前大家一起聚个会，同学们几乎一致赞成。于是乎，联系地点预约饭店的任务又落到了顾一凡的身上。

只是这少得可怜的班费怎么可能找到容纳四五十人的包厢？即使找到了地方也不够这么多人吃饭啊！不知道是大家都没注意到还是故意忽视了这个问题，反正老好人顾一凡还是二话不说地把活揽到了自己身上。

　　放学后，我偷偷地跟着顾一凡，想看看她怎么解决这个难题。

　　她去了好几家饭店，都是愁眉苦脸地出来。看着她苦恼的样子，我也失去了看戏的兴致，快步走到她身边问道："怎么样了？"

　　她看见我惊讶了一下，然后摇头回答道："连三十人的钱都不够，我再想想办法吧。"

　　"你能想出来什么办法？不够的钱自己添？"我随口问道。

　　没想到她居然认真地点了点头，喃喃道："这个办法不错，我也存了不少压岁钱，拿出来些也可以。"

　　"可以什么啊！"我忍不住吼道，"不够就跟他们说啊！大家凑一点儿不就够了？你不跟他们说做再多事也没人领你的情！"

　　"可是……"她为难的皱紧了眉头，说不出话来。

　　我又怎么会不明白她在为难什么，大家拜托她的原因就是钱不够啊！如果班费足够的话那些人早抢着去找地方了。正是因为钱不够，所以他们才把事情交给顾一凡去做，因为他们知道顾一凡不会拒绝，就算钱不够也不会找

盛开的回忆之花

他们要。

想到这我真觉得那些人很过分，最可气的还是顾一凡，谁让她不拒绝，才会被人变本加厉地欺负。

然而最无奈的还是我自己，没办法放着顾一凡不管。于是我善解人意地说道："这样吧，我有个叔叔家是开饭店的，可以给咱们打折。"

"真的吗？"她满眼星星地看着我，很快便反应过来，道："这样不会给你叔叔家添麻烦吗？"

"没事，就当给他家宣传了。"我从来都不知道自己这么善良，一边帮她还得一边哄着她，顾一凡果然是个麻烦的家伙。

3

吃饭的事情在我暗中的帮助下完美的落幕。

我没让顾一凡告诉同学们是我帮的忙，我并不想要他们的感谢，况且被他们知道后一定有一大堆麻烦事接踵而至。

不过从那之后，顾一凡对我的态度发生了翻天覆地的变化。原本我俩在班里不算熟悉，属于在路上碰到都不一定打招呼的关系。可是新学期顾一凡像个橡皮糖一样跟着我，我知道她是想答谢我，但我并不需要。

忍无可忍的我对她说道："以后你拒绝这种不合理的

请求，就是对我最好的感谢。"

我并不是对顾一凡有看法，我只是看不惯这样不公平的事。

可惜的是，顾一凡并没有把我的话放在心上，跟她同组的值日生说有事要先回家，顾一凡又慷慨地让他回去了。

这人真是无药可救！我虽然生气，却没理由指责顾一凡。这事就是周瑜打黄盖一个愿打一个愿挨，我说再多都没用。

学校要开一节公开课，同学分小组针对某个历史人物进行深入了解，还要制作幻灯片上讲台去讲。跟我同组的王瑄是个强盗逻辑的忠实信徒，他可以用自己不擅长为由推掉所有的小组作业。

"洛时雨你爸爸不是历史教授吗？咱们小组可就靠你了啊！"

其他组员全都举双手赞成。不过他这套只对顾一凡有用，在我这里行不通。

我看都没看他，不客气地问道："凭什么？"

气氛一下子冷了下来。他们几人面面相觑，确定我不是在开玩笑之后，王瑄臭着脸埋怨道："老师都说了组员要团结合作，你有那么好的资源不拿出来分享是什么意思？"

"你也说了老师让合作，我怎么听你的意思是全都让

盛开的回忆之花

我一个人做呢？"

"你！"他被我说得面红耳赤，嘴硬道："我就没见过你这么小气的人，举手之劳的事都要拿出来斤斤计较！"

这时其他的组员也跟着起哄道："就是啊，也没说让你全做，但是你有那么好的条件多做点儿又能怎么样？"

"大家互帮互助不是应该的吗？怎么到你这就这么多事！"

我被这些人不要脸的言论给气笑了，难怪那么多人都信奉强盗逻辑，原来拿出来这么好用，只要一句"你比我有优势"，就可以把所有的事情都推给别人。

"随你们怎么说，反正我只做我自己的部分，别指望我帮你们。"

说完我就走出了教室。我知道班里那些家伙肯定炸锅了，无疑又在指责我的"种种不是"。没办法，我做不到像顾一凡一样的委曲求全。

4

不出所料，第二天果然大多数人都在说我的坏话。看着他们"义愤填膺"的嘴脸，我突然想到了一个词——道德绑架。

在事不关己的前提下，这些人站在道德的高点指责别人，仿佛自己是唯一能评价是非的人。可笑的是，只要触及一点点他们的利益，他们就会立即炸毛。

只是顾一凡会怎么想呢？是和他们一样，还是会站在我这边？我不明白为什么自己要在意顾一凡的看法，只是我希望这个和我多少有些相似的人，能稍微理解我一下。

眼神不自觉地飘到顾一凡他们小组，之间那些人正在用昨天对我的伎俩对待顾一凡，不过顾一凡肯定不会拒绝吧？这次的事和以前那些无理的请求简直就是小巫见大巫了。

顾一凡忽然转过头来和我对视了一眼，我迅速撇过头去，她要不要帮那些人和我有什么关系呢？

放学后，顾一凡来找我，我有预感她要说些让我讨厌的话，于是嘲讽道："你来干吗？还不抓紧时间帮你的组员去做作业？"

她摇了摇头，用那种劝坏人从良的语气对我说道："你为什么要那么说呢？你明明不是那样的人。"

我感到一阵好笑，反问道："你知道我是什么样的人？别以为我帮了你几次就自以为是，现在对我来说，你跟那些人没什么两样。"

是的，我并不排斥帮助别人，但我排斥被人用近乎威胁的语气去帮助别人。我从来都不欠别人什么，何必为了别人的看法去委屈自己？倘若换个角度，让那些人牺牲自己的时间去帮助别人，肯定比要他们的命还难。这种人根

盛开的回忆之花

本就不值得我帮助。

原本以为顾一凡会有所不同，但没想到她竟然会站在欺负她的人那边来企图对我道德绑架。说实话我有一点点失落，忽然有种众人皆醉我独醒的感觉。

"可是你明明帮了我！"顾一凡不死心地说道。

"所以你就得寸进尺的来让我也去帮那些人？"我已经不想再跟顾一凡说话了，她愿意当老好人就去当吧，跟我一毛钱的关系都没有。

终于，顾一凡被我气跑了。我无所谓地笑了笑，看来她已经被道德绑架得失去自我了。

5

其实当我以为这世界只剩我一个正常人的时候，我就已经变得不正常了。

顾一凡和她的组员闹掰了，原因是顾一凡拒绝了他们的"请求"。一向像个小绵羊一样顺着他们的顾一凡突然学会拒绝了，这些人就恼羞成怒了。

如果是昨天之前发生了这样的事，我一定会站出来帮顾一凡指责这些人，可现在我只想在一旁看热闹，顺便听听顾一凡这么"反常"的理由。

"你历史成绩那么好，让你当组长不是很正常嘛！"

"就是说，组长多做些功课不是应该的吗？不指望你这个组长难道指望我们这些组员吗？"

我坐在这里，好像看见了几天前的我。只是面对同样的境况，顾一凡会怎么做呢？

也许是第一次拒绝别人的关系，顾一凡看上去有些紧张，她声音颤抖地说道："在你们看来我做的一切都是应该的吗？对帮助了你们的人，你们连最基本的感谢都没有吗？"

那些组员被说得有些羞愧，辩解道："我也不是不想做啊！可是我历史成绩太差根本记不住那些资料。"

看吧，这就是他们最擅长的，用示弱来推卸责任。

"你们就会找借口！从一开始，你们就在找各种各样的借口推卸自己的责任，我本来也不想跟你们计较。可是我不欠你们什么，以后我也不会再帮你们做任何事！"

顾一凡这次总算没有让我失望。我知道她只是太在意别人的看法所以不敢拒绝别人，可是毫无底线地顺应别人只会让人越来越不把她当回事，有时候，只有拒绝才能让自己更有价值。

我承认，我也有些极端，可是我宁愿让人觉得我不通情理，也不愿意做一个没有原则的老好人。

老好人是最吃力不讨好的一类人，他们做着比谁都多的工作，最后却往往落得一身埋怨，可以说"强盗逻辑"和"道德绑架"的盛行，老好人们出了不少力。

曾经我也是一个老好人，我并没有那么伟大无私，愿意牺牲自己去成全别人，我只是害怕一旦拒绝，那些对我和颜悦色的朋友们就会离我而去。

我到底做错了什么呢？我只是没有勇气拒绝而已，我付出的比别人多，忍耐着各种不公平的待遇，却从未得到应有的感谢和表扬。

直到最后我忍无可忍的时候才明白，原来不懂拒绝就是错误。正是因为我的不拒绝，才让那些人一次比一次更过分，是我的纵容让他们把我的付出当成理所当然。

所以我第一眼看到顾一凡，就能看出她在忍耐。看着她我就像看着过去的自己，正因为如此，我才想告诉顾一凡，别做老好人。

盛开的钟无艳

张爱笛声

我最喜欢给阿荷拍照，相机举起的那一刻，阿荷总是会条件反射般地侧过头，我按下快门，留住的永远是她棱角分明又恬静文雅的侧脸。

阿荷最不喜欢的，也是拍照。她对镜头有着自然的排斥，除了我，好像没人能让她安安静静地坐下来拍一张照片。

而这一切，不过是因为阿荷的眉角上有着鲜艳而夺目的一个红色胎记，从眉角顺延到脸颊边，叫人无法忽视。胎记的形状像是一朵盛开的荷花，有着红色的花瓣，以及长长的花柄。所以阿荷，就取名为阿荷了。

1

我记得这么一个场景。在我很小的时候，我曾扯着阿荷的衣角问她，你是不是我妈妈？为什么别人都有妈妈，我只有外婆和阿荷？

阿荷按照外婆平时给我的答复回答我，你的妈妈去了很远的地方，要等你长大才能回来呢。

我点点头，再问她，我还没有叫过一声"妈妈"，趁现在没人，我能喊你一声"妈妈"吗？

阿荷一愣，我却立刻张嘴，"妈妈。"

阿荷那天流了很多的眼泪，她紧紧把我抱在怀里，说，美乐，你以后就叫我妈妈吧。

外婆却不答应，她说，不能叫阿荷妈妈，她还要嫁人呢。

长大点儿我才知道，阿荷是我小姨，妈妈的妹妹。我的妈妈的确去了天国，爸爸也好久没有回来看过我，阿荷和我妈妈姐妹情深，答应了她一定要把我拉扯大。

每次外婆提起阿荷的婚事，阿荷总是目光闪烁，而后轻轻叹一声，又有谁会喜欢我呢？

其实阿荷并不丑，皮肤白皙，气质温雅淡然，除了脸上那块胎记，她可以说是极美的。

外婆无数次叹息，说都怪自己，给了阿荷这么一张脸。

现在医学这么发达，阿荷为什么不花点儿钱把脸上的胎记祛掉呢?

外婆又接着叹息，曾经沧海难为水啊，以后不知道怎样的男人她才能瞧得上，反正肯定是要能接受她这胎记的，她也不想想，多难找?

2

曾经沧海难为水，除却巫山不是云。我学会的第一句古诗词。

说出来很多人不信，那么讨厌镜头的阿荷竟然是一个摄影师，而且是影楼里专门负责拍摄新人婚纱照的摄影师。

我常常到影楼里去玩，阿荷工作的时候与平常判若两人，专注认真，眼神一丝不苟，丝毫没有平常在家里的温柔似水模样。我问阿荷，为什么那些姐姐穿上婚纱都那么美，还笑得那么开心?

阿荷说，因为这是一个女人一生最骄傲最幸福的时刻，所以每个穿婚纱的女人都很美。

新娘拍照的婚纱都是阿荷亲自挑的，她似乎对客人的喜好了如指掌，总是能挑出最适合客人穿的婚纱，也总是能用心拍出最美的照片。常常有客人对阿荷说，你身段那么好，穿上婚纱肯定也是极美的。阿荷只是笑，也从未说过什么。

可是我细心地注意到，阿荷总是在一个人的时候静静望着店里的一排婚纱在发呆，而我也知道，在她的柜子里锁着一本画本，上面有着她亲自设计的一套婚纱。阿荷心里，一定也很渴望做新娘的吧。

我在心里下了一个决定，要让阿荷做一次最美的新娘，哪怕牵着她的手走在舞台上的，并不是她的白马王子。

小学的毕业典礼，我郑重地邀请了阿荷出席。几年的小学生活，所有的亲子运动会我统统没有参加，因为我心疼阿荷，她脸上的胎记总是能让她成为众人的焦点，有时还有人在背后指指点点。每一次的家长会，我总是牵着阿荷坐在最后一排，躲过别人看似关注实则同情的目光。虽然年纪小，我却也听过不少的流言蜚语，说我是个孤儿，没爹爱没娘疼，可怜兮兮。说阿荷是个大龄女，嫁不出去。阿荷也不在乎，她说她已经习惯，就怕委屈了我。

阿荷还是有点儿犹豫，但她禁不住我的软磨硬泡，还是答应了。

我拿着存了好久的钱，跑去婚纱店里租了套婚纱。

毕业晚会上，当阿荷走上舞台的时候，我听到一阵的欢呼声。阿荷穿着我精心挑选的雪白婚纱，戴着大大的公主帽，恰好遮住了她左脸的瑕疵，款款走来。此刻的她，美丽得恍如童话中的皇后。我牵着她的手，走完了这一场众人瞩目的T台秀。

如果，没有后来的那一幕，我想我和阿荷将是那个晚上最幸福的人。

我和阿荷下台后，好几个同学围了过来，他们叽叽喳喳地问，美乐，这是你妈妈吗，好年轻好漂亮！我得意地向她们宣告，这是我小姨，和我妈妈一样漂亮呢。

班上的一个女孩儿凑到阿荷面前，想要亲阿荷一口，却不小心掀掉了阿荷的帽子。那红色印记就这样暴露在大家眼前，小女孩儿尖叫了一声，"你是巫婆！"

我似乎看到童话世界轰然倒塌，那破碎的模样。

阿荷默默地牵着我的手离开，似乎一点儿都不在乎周边喧闹的人和事。我却猛地甩开她的手，跑得飞快，一直往前跑，风在我耳边呼啸，我觉得我的心很疼，疼极了，什么都无法思考。

那天晚上，阿荷很晚才走进我的房间，坐在我的床边，轻轻问我："美乐，阿荷让你丢脸了吗？"

她低下头，似是做错事的小孩。没听到我回话，她伸手为我盖上被子，关掉台灯，默默走出房间，我听到她若有若无的一声叹息。

我立马跳下床，光着脚丫跑出去抱住她，哭着说："我没有觉得你丢脸，我只是心疼你，为什么不教训他们呢？你又没做错什么，你才不是巫婆呢，那么好的阿荷怎么会是巫婆呢？"

阿荷也抱住我，轻轻拍我的背，"美乐不哭，阿荷不在乎，真的不在乎。你让我穿了那么美的婚纱，我已经很幸福了。"

她在笑，可惜还是让我看到了她眼角的那滴泪。

3

那年暑假，我意外地在我家那间小小的客厅里看到除了阿荷、外婆以外的第三个人。

他穿着工整的西装，笑容礼貌而淡漠。阿荷坐在他对面的位子，神情恍惚，只有外婆，热情地和他寒暄。

那人走了之后，外婆对阿荷说："男人啊，只要还懂得回头，就还是好的。你不是一直等着他吗，这回回来了你怎么又不高兴了？你今年也快三十了，就不怕……喂……"

阿荷没听外婆说完，径直走回了屋。外婆在身后嘀咕："也不知道我这辈子还能不能看着你出嫁，这性子。"

我推开了阿荷的房门，她坐在桌前，翻看着一张画，纸张已经有微微的发黄。我凑近了看，画上的那个人，就是阿荷。她喃喃自语："这画是他给我画的，我藏了好多年，每次想他的时候就拿出来看下，又不敢多看，怕自己死乞白赖地去求他不要丢下我。现在他回来了，我却感觉我们都变了。"

那一个暑假，那个男人时常来找阿荷。他们并肩走在槐花树下，我跟在他们身后，看着他们的背影，我在心里想，阿荷总算找到了自己的幸福。

婚期就那么订了下来。男人提出的唯一一个要求是阿荷不要带着我嫁过去，外婆允诺，却偷偷瞒了阿荷和我。

阿荷和他婚前决定去一趟旅行。在阿荷离开的那段时间里，我无比思念她，短短的一个月时间，我竟瘦了五斤。

开学后，我参加辩论队代表学校去上海比赛。我拿到最佳辩手奖，辩论会上自己一路所向披靡，杀入决赛拿到前三名，可是回程的前一天晚上却突然感觉身体不适，住进了医院。

我给阿荷打电话，哭着跟她说我想她了，握着手机听着她的温言软语慢慢睡着。

第二天中午的时候，阿荷已经赶到了我的医院。她推门进来时我赶紧又假寐上了眼，心里还是甜甜的，阿荷毕竟还是爱我，不会丢下我呢。

我听到她身后的男人说，就一个小小的阑尾炎，割完就没事了，你又不是她的妈，那么着急干吗？你知不知道我们还订了明天去云南的机票和酒店？

阿荷说，美乐从小就跟着我，就这么一个多月，她离开我都瘦了那么多，又刚做了手术，我怎么能放下她好好去玩？而且我打算，结婚之后也把她带在身边。

男人不同意，两人小声争吵了许久。最后，他呵呵笑了两声，对阿荷说，为了这么个拖油瓶，你也真够能牺牲的。你也不想想，就你现在这年纪，还有你这张脸，你还要提怎样的条件，谁还敢要你？

我猛地睁开眼睛，把枕头扔到他身上，大喊着："我要，我要阿荷。有我陪着她就够了。"

阿荷就这样和那男人断了联系。外婆很失望，觉得阿荷这辈子肯定是孤家寡人一个了。

我问阿荷是不是我耽误了她的幸福？

阿荷摇摇头，其实我们已经回不到过去了，他变了太多。以前他不在乎我容颜的残损，爱我呵护我，我都感受得到。所以即便是后来分开了，我心里也一直有他。可现在他回来找我，不过是因为他在感情上也吃了亏，想在我这里找回那高高在上的自尊罢了。前几天有个女人给我打电话，她说假如她肯回头找他，我根本没有任何机会。那时我就知道，我在这场感情里有多卑微。

于是阿荷，又变回了原来的阿荷。每天送我去学校，然后去影楼工作，给每一对新人拍最美的婚纱照。除了偶尔还是对着婚纱发呆，她平日里看起来依然恬静柔美。

4

初二那年，我参加了学校的一个摄影比赛，学校请来的评委里，竟然有阿荷。此时的她已经是我们这小城里小有名气的摄影师。

我嬉笑地问阿荷，会不会徇私情让我得第一？毕竟我的摄影技巧可是她手把手教出来的，差不到哪儿去。阿荷却拍我的头严厉地说，用实力说话。

到了评奖那一天，我陪阿荷走过长长的展览墙，兴致勃勃地想要带她去看我的作品。她的目光流转，却突然在一张照片前停留，继而泪流满面。

我也不由得去看那副作品。那张照片里，只有一个女人的侧脸，在阳光下微笑，笑容的弧度很小，却带有温暖的味道。她的左脸颊上，有一个红色的印记。那么独特的记号，是阿荷无疑。

最让人感动的，是这张照片的名字：盛开的钟无艳。

我特意地去留意了作者的名字，竟是我们班上的政治老师骆清扬。我还记得他和我说过，美乐，女孩子最重要的就是蕙质兰心，有一颗玲珑心。他也跟我说起过阿荷，说她像是江南来的女孩儿，玲珑剔透。可我没想到，在他的镜头下，阿荷竟可以如此美丽。

那一天，阿荷以身体抱恙为由缺席了最后的评选。

可是骆老师仍以压倒性优势赢得了冠军，所有人都说，这照片上的姑娘真美。拍这张照片的人，定是倾尽心思来拍摄。

和阿荷走回家的路上，骆老师追了上来。他大方地向阿荷伸出手，"你好，我叫骆清扬。"

阿荷简单地和他说了两句，拉着我匆匆走开。我知道，阿荷是害怕别人给的关注与温暖，更害怕失望。

我决定向骆清扬问个清楚。我打听到他的住址，借询问作业难题为由去了他的家，他倒没有因我的贸然失礼而生气，反而对我十分友好。我开门见山地问："骆老师，你是不是喜欢我们家阿荷？"

他很坦白，"是，我喜欢她。我大哥结婚拍婚纱照的时候是去你小姨的店里拍的，我当时就注意她了，觉得她很特别。后来她常常送你来学校，我就慢慢关注起了她。"

他拉开抽屉，里面整齐叠放着很厚的一沓照片，我翻开一看，张张都是阿荷。一年多来，工作的阿荷，牵着我上学的阿荷，在公园里跑步的阿荷，微笑的阿荷，生气的阿荷……每张照片，上面都有着准确的日期和他配上的想和她说的话。

我问他："为什么把那张照片命名为盛开的钟无艳？"

他说："世人都说钟无艳丑，我却觉得她是很美的。如果没了眉角的印记，也许她就没那么张扬而美丽了。阿荷也是这样，不同的是，她比钟无艳更独特，柔弱中带有刺，带着坚强，所以她是盛开的钟无艳。"

也许人生有很多东西都是难以预料的，阿荷肯定没想到她的生命里还会出现一个骆清扬，爱她，包容她的一切。

她才知道，原来她也可以自信与美丽，可以张狂地爱。

5

一年之后，阿荷与骆老师结婚。

我偷偷翻出阿荷柜子里藏着的那张婚纱设计图，让她穿上，当最美的新娘。

她摇摇头，然后把设计图放回了柜子里。我心一怔，难道阿荷觉得自己不够幸福？她还没放下过去？

阿荷却笑，这婚纱是我给美乐你设计的，我当然不能穿啦。至于我自己，你骆老师已经为我设计好一套独一无二的婚纱了。

婚礼那一天，阿荷很美。她在婚礼前的一个月就去医院接受了手术，把脸上的胎记给去掉了。尽管骆老师一点儿都不在意。

可是阿荷说，他能接受一个不完美的我，那我也要努力成为更优秀的自己。

盛开的钟无艳，终于蜕变成蝶。我对阿荷说，你一定要幸福呢，因为你的幸福，能让我更加相信幸福。

许愿瓶旁的小怪兽逃走了

夏南年

山有木兮木有枝

还是有些陌生的城市里，刚认识不久的许安宁在一个天气很好的日子里带我去见了他的老师，那是个眉目慈祥安宁的人，我知道只有这样才能以看遍人生百态的样子写下一篇篇行云流水极其美妙却淡然的诗文，所以才让许安宁给我介绍。

走到老师家的时候，我有些怕生，我慢热，遇见陌生人怕尴尬，所以偷偷地躲在了许安宁的身后，眼睛像是个调皮的小球滴溜溜乱转，惊喜地望着这件满是书的屋子，白老师看到我的眼睛时笑了，问许安宁："她是你什么人？"

"我在书吧里捡来的小人。"许安宁笑着说，落满金色阳光的睫毛上却闪动着调皮的光芒，一点儿都不像他的名字。

白老师哈哈大笑，"以后你就和安宁一起来上课吧。"我欢喜地点头，和许安宁一起都出了老房子。

夏天的柏油马路也有一丝柔软的气息，走在上面，一步有时会留下一个小坑，我和许安宁心有灵犀地一起问道："到书吧吃刨冰吗？我请客。"

我扑哧一声笑了出来，赶在他前面说："既然盛情难却，好吧就你请客。"

许安宁瞪了我一眼，敲敲我的头。我不满地转身，"你还瞪眼呢，我怎么变成你捡来的小人了？"

"难道不是吗？"许安宁这一刻倒是有了君子的风度，气定神闲地问我。

我乖乖地闭上了嘴巴，因为，的确是这样。

事情追溯到一个星期前刚开张的这家书吧，这是我第一次走进这个在地图上看了一百万遍却只是第一次踏上的城市，来之后我刚把行礼乱七八糟地扔到了表姐家，知道我爱书成痴的表姐就兴奋地告诉我，这里新开张了一家书吧，听说里面的书很全，刨冰也很好吃，于是我马不停蹄地跑去了那里。

这家书吧真是棒到不行，也可能是第一天开业，等我找到一本喜欢的书，端着西瓜味的刨冰走到座位上时，只剩下许安宁对面的一个空位了，也不知道我哪儿来的勇气，毫不犹豫地坐在了那张两人桌他对面的空位上。

"你也喜欢深夜系列的书？"许安宁看到我手中的《深夜食堂》瞬间激动了起来。

我点点头，有点儿紧张地客套，"你也是第一天来？"

我不知道许安宁那时候有多开心，反正我记得问出了这句话后，坐在不远处的一个漂亮小妹妹直接把正喝着的刨冰喷在了面前的书上，我暗自在心里骂自己，第一天开张还能是第二天来这吗？

许安宁很喜欢大沼纪子这套关于食物的书，短短一下午的时间，我们从深夜系列聊到了诗词歌赋，最后我发现，他开始对书法也有了一点儿研究。

一直到天阴沉了起来，书吧里的人越来越少，许安宁才恋恋不舍地起身，"你是来这里过暑假的啊，要是愿意，我天天带你出来玩。"

对面这个刚认识了半天的人，虽然妈妈三番五次告诉过我一个女孩子出门不要随便跟陌生人说话，我还是大大方方地点了点头，并且毫不犹豫地跟他约好了第二天见面时的地点。

我们在书吧门口分手，许安宁，如果不是离开时的这个小插曲，我想也许我会犹豫第二天要不要赴你的约。临出门的时候，我不经意看到了书吧里贴着的诗词，靠左边的那半面墙上是这一句——"山有木兮木有枝，心悦君兮君不知。"

你到我凝神望着这句诗，突然笑了，"你也喜欢这句诗啊。"

"也？"我疑惑地看着你。

"我记得曾经有个女孩儿也特别喜欢这句诗，但我已经想不起来是谁了。"他抱歉地笑了笑，带着眼睛里星星点点的亮光望着我。

那天我差一点儿落荒而逃。

有了许愿瓶的小怪兽才不会逃跑

就这样，白天许安宁带我去城里各种各样的书吧和书店，晚上就带我到小一点儿的广场上看烟火和彩灯。这座城市不大，却真的带着醉人的风韵，我很开心自己能来这里度过一段时间，也很开心许安宁能住在这样舒适也不用整天匆忙的小城里。

只是时间越拉长，我心里的担心越加膨胀了起来，特别是一个晚上，我们并肩坐在湖边，旁边有很多小商小贩在卖乱七八糟却浪漫无比的东西，我发了一会儿呆，抬头突然望不到许安宁干净结实的身影了，正准备给他打电话，却看到人群中挤出来了一个小小的身影。

许安宁很俗气地拿着一束玫瑰，但是真的很漂亮，月光落在皎洁的玫瑰花瓣上，他就像是个稚气未脱的王子，眼睛里是干净简单的欢喜，他不说话，固执地伸着手，虽然到了最后我也没有接下。

好在许安宁明白了我的意思，之后再也没有这样"荒唐"的举动。

和许安宁游手好闲了很多天几乎逛遍整个小城后，表姐终于看出了一点儿端倪，她花了一个晚上的时间义正词严地问我，是不是天天跟许安宁待在一起，我否定了很多次，最后还是被表姐一句话给打败了。

星光漫天的小城里，万家灯火看起来那么温和，我的心里却像是缠着几缕线，不知道该怎么解开，又不舍得快刀斩断所有的回忆。

平时虽然分隔两地却总是和我在QQ上亲昵无间的表姐在这一刻俨然是个严父，她很认真地告诉我，第二天晚上叫上许安宁来家里吃一顿散伙饭，之后直接送我回去。我倔强地不从，伶牙俐齿地辩解："我又没有和他在一起。"

表姐也发了疯，瞪着抛下了一句，让我五雷轰顶，她说："你觉得你还配得上站在他身边吗？"

转日我很听话地告诉许安宁，家里临时有事让我回去，这里的亲戚知道我交了一个很好的朋友，特意请他去吃最后一顿晚饭。

"我们这样还算是最后的晚餐呢？"我们第一次有些

沉默地走在去表姐家的路上，许安宁终于打破了这种尴尬的安静。

"你才配不上达·芬奇的经典作品。"我揶揄他，用欢快的表情掩饰自己的难过。

路过表姐家旁的一间精品店时，许安宁把我拽了进去。

"你一个男生怎么喜欢逛这些店啊？那么娘。"

许安宁的脸瞬间就黑了，他狠狠地在我头上敲了一下，"你也太没良心了吧，好歹带着你玩了那么多天，临走了一点儿都不难过，你真是把好心当作驴肝肺……"虽然是生气的话，许安宁却带着笑眯眯的表情，他望着我的眼睛晶亮，我下意识地躲闪了一下，心想完了，要是被他看出了心事该怎么办。

可是下一秒，我便溃不成军。

你有没有过这样的经历，无论走到哪里，都要试着相信命运这种东西，一面逃离命运，一面却又与它相遇。

许安宁在精品店里转了一大圈后，终于抱下了一个超级大的娃娃，他指着怀里那只正抱着许愿瓶的小怪兽说："绿绿，你看这只丑不拉叽的小怪兽是不是很像你啊？"

我瞬间一拳砸在了他的身上，许安宁不躲闪，"我说真的，都是一副搞怪的样子，还那么擅长口是心非。"

我心里一凉，就看见他又捣了捣小怪兽，"对不对，明明很坏的样子，却抱着许愿瓶想有一个好未来。"

"许安宁你能不能正常点儿！"旁边的营业员在看到这样的许安宁后都在捂着嘴笑得一脸无语，我只有种转过身装不认识他的样子。

许安宁转头看了我一眼，去收银台付了账，这一切都发生在这一秒，许安宁说："我赌一个抱着许愿瓶的小怪兽，至于赌什么，你肯定很清楚。这个送给你，小怪兽有了许愿瓶，就再也别想逃走了，因为我的愿望也落进了许愿瓶。"

"我不想让你走。"

我承认我很没有骨气啊，居然自私又贪婪地想，吃完这段饭后，干脆拿着表姐给我买好的火车票逃跑好了，只要能和许安宁在一起就好。所以这一次，我没有拒绝他递过来的小怪兽，毕竟，从一开始，我就真的把他放在了心里，像种一株自己觉得没有希望的小草，但却一直很用心的给它浇水、给它阳光还有温暖。

一梦三四年，匆匆又夏天

我收拾好行李后和许安宁一起走出了表姐家，他真是演技派，在我一派胡言告诉他表姐让我回家只是看出了我喜欢上了异乡的他以后，镇定自若地拒绝了表姐要送我去车站的想法，大义凛然地说有他就足够了。

真的就足够了，半个小时后，我一边和许安宁坐在一家很漂亮的花草店里看鱼缸里鲜活的小生命，一边给表姐发了消息说顺利上车。我们一起看着表姐提醒我车上小心的消息哈哈大笑。

"绿绿，这几天我们可以天天待在一起了。"许安宁突然别扭地跟我说，脸红得像刚煮熟的柿子。

"你一个男生至于那么害羞吗？"我不满地瞪他，回过神才发现自己的脸也一阵阵散发着热浪。

所谓乐极生悲大概说的就是我们，从花草店出来我们第一次去了酒吧，微甜的果酒我一不留神就灌下去了很多瓶，有恃无恐说的就是我这种无所顾忌的人，当许安宁带着摇摇晃晃的我从沿街的小路走过时，不知道从哪里来的明晃晃的车灯一照，我就愣愣地站在那里了。

几秒钟之后，我好像做了一场梦。不过司机看起来比我更紧张，当我冰凉的手指触碰到许安宁流出来的热乎乎的血时，司机突然叫了一声，好像要晕过去似的。

"绿绿，扶我起来，到医院包扎一下就没事了。"许安宁无奈地望了一眼那么丢人的我，倒是沉稳得好像刚才把我推到一边的人不是他，腿摔出了那么一大块口子流血的也另有其人。

"去最近的附属医院，今天外伤科正好是我妈上班。"许安宁第二句话出口后，我又是一阵天旋地转的感觉。

十分钟后，我沉默不语地站在许安宁的病床边，很

盛开的回忆之花

久未见的穿白大褂的阿姨终于处理好许安宁的伤口后，转身看向我的眼神带着明显的厌烦，我看到她犹豫着抬了几次手，默默在心里做好了准备，要是她打过来我一定不躲闪。

许安宁愣愣地望着我们，不知道我们在演哪出戏，几次想问都不知道怎么开口。

时间再快进二十分钟，我已经独自一人走到刚才寄放行李的招待所了。刚才给我登记的婆婆看了我半天，才开口问："和你一起的那个男生呢？"

我很僵硬地笑了一下，"他回家了，我要赶明天早上的火车。"

抱着许愿瓶的小怪兽还在我的箱子里，我坐在通铺一张床单泛着微黄的床上，心里默默地想，抱着许愿瓶的小怪兽也终于要离开了。

许安宁，我才不是你从书吧里捡来的小人，我们很早以前就认识了，都说一梦三四年，认识你的日子正好可以完完整整做这样一场美好的梦。

我们高一那年就认识了，认识了一年后终于走到了一起，在一起东躲西藏却甜甜蜜蜜又一年后，终于被那所严格到抓到早恋就要立刻请退的学校发现，办公室里，分隔在两个办公室的我们竟然心有灵犀的圆了一个谎，你在那边告诉老师跟我没关系，我一直拒绝你，是你在纠缠，我在这边也用了同样的话把自己推脱得干干净净。

你妈妈领你回家的那天匆忙间还没有脱去白大褂，你和她争执要再见到我，你傻乎乎地说，我本来就应该那样回答老师，我们之间不能有盲目的牺牲。

许安宁，那也不该是你，一直在做无谓的牺牲。你和你妈妈在学校门口争执的时候我都没有敢上前，远远地望着她白色的衣摆在风中飞舞，你们推搡了半天，突然你脚下一滑，头重重地砸在了地上。

之后听表姐说你心因式失忆，他们从其他途径知道你已经忘记了我，你妈妈带着你去了表姐居住的那个小城，从此我们天涯陌路。

这次去你那里，是想和你见一面，没想到缘分绕了一个圈，你重新喜欢上了我。其实再过上十几年我也不会原谅当时的自己，你妈妈没有打我，让我特别钦佩。

这次我不小心没收敛住自己的自私，大概要换来永永远远再也不准自己和你相见。许安宁，你忘了我吧，我希望你能轻易忘掉这份短时间的心动，我在未来也走过自己辜负你的心坎。

我还记得那晚你举着玫瑰的模样，我没有伸手接过，你不知道，我以前就特别想，能举着一枝花，等你带我去流浪。

临走时我去白老师道别，虽然只见过几面，他还是很喜欢我，一个劲儿说我有才情。最后他叹了口气，抱怨道："许安宁那小子最近怎么不来了，这是他上次忘在我这的书，有机会你帮我还给他。"

我接过，走出楼道后，翻看就看到了自己的名字，那是还稚嫩的你在一两年前写下的矫情得要命的话："沈绿绿，就算你背叛了世界，我也站在你身边。"

许安宁，君子有好书相赠，我必枕畔想念。但是，我也只能想想啦，想到我长大后，能忘了辜负忘了你为止。

天空无法拥抱飞鸟

檐　萧

1

天气预报说近来多雷雨，傍晚时天色从日光朗朗切换到暴雨如注不过短短几分钟，江河坐在窗前，皱眉看着远处，雨线像利刃击在地面，溅起层层水花。

放学后，五颜六色的雨伞在半空开出繁花，江河斜坐在门前等雨停，他讨厌秋天的雨，阴冷的风贯穿全身，校服淋透的颜色，一点儿都不酷。

余光瞥到人影时，他侧目望过去，雨幕中走来的女生站在他面前，默默递给他一把黑色的伞。她浑身湿漉漉的，带着雨水潮湿的气息，像清爽的海风。

江河诧异地看着她，短发被打湿，柔软地趴在额前，圆圆的脸莫名眼熟。大概是给他递过早餐或者情书的姑娘吧，他想。

望一眼窗外天色，他漫不经心地接过，冲她浅笑了下说："明天还你，记得来找我拿。"

她低着头，轻若不闻地嗯了一声。江河匆忙离开，没看到她眼中的欲言又止。

他和朋友约好的时间被大雨搁置，等他匆忙赶到，空落落的桌面映着灯光如泻，大多人都没有如约而至。

他松了口气，又莫名觉得有不被重视的失落。像一场翻山越岭，却无人等候。

深蓝色的板鞋被一路来的积水打湿，挽起的裤管贴着皮肤，潮湿的冰凉的，并不是什么好的体验。他撑着伞，沿着来时的路又慢慢返回。

路过校门前，有模糊的身影瑟瑟地缩在保安室前，他走进看，一张圆圆的脸，分明是递给他伞的女生。

他怔在原地，看她湿透的半截裤子，皱着眉问："你……只有这一把伞？"

她抬起头，安静地凝视他，嘴角扯出一个浅笑。

江河满脸歉意地将伞柄递还给她，轻声道谢后，急步走入雨中。内心慌乱的如同这场雨都细细密密的淋在心头。

他没有预料到，一把普通雨伞的背后，意味着这样的情深义重。

一场暴雨之后，次日天空澄澈如镜，看着就让人心情大好。

运动会在即，体育课上江河被拎出来参加接力赛，一组四人，通过选拔获得最终的参赛名额。几番淘汰之后，他意外看到了新队员，借他伞的乔栗栗。

她体型微胖，说实话，一看就不是跑步的料。

果然，乔栗栗接过那一棒时，她迈着小短腿奋力向前奔跑，姿势滑稽得像迟暮的老太太，人群瞬间爆发出一阵哄笑。

江河站在白线外茫然地看着远处，仿佛可笑的动作里藏着被忽视的旧时光，他回忆起来了，他曾在日光炽热的夏季见过她。

那时也是户外课，训练结束后的剩余时间，男生在操场打篮球，一向很有准头的同学，传递的球忽然偏离轨迹，向操场外的树荫飞去，而当时，乔栗栗独自坐在那里，听到惊呼声，她也像如今这样，一脸惊恐地慌忙躲避，逃跑的姿势笨拙又狼狈，在那样危险的时刻，却引来一阵哄笑。

他附身捡球时，顺便问了她什么，砸到了没有？你没事吧？或者是其他的，反正无关痛痒。

想明白前因后果，他松了口气，原来她借他伞，只是因为他曾在一阵嘲笑中，无意关照过她而已。

眼前那个迟钝的身影终于将接力棒递到队友手中，最后的冲刺在即，所有人的关注点都放在是谁先冲过红线，只有她弯腰站在原地喘气，脸侧明晃晃的汗水滴落，可是自始至终，没有人上前给她递水，或者像普通女生那样，夸张地投入一个怀抱，被人安慰，被人鼓励。

过了一会儿，孤零零的她走到人群外围，自成屏障。

好友从背后拍了拍江河的肩，问他发什么呆？

他漫不经心地应了一声，无所谓地耸耸肩，忘记刚才那一刻的悸动是为什么。

2

江河的生活丰富多彩，溜冰，打篮球，偶尔通宵游戏，或者骑车去山脚公路，沿着长长的下坡路，吹一声悠扬又响亮的口哨，不羁又张扬。

周一他提早去学校，对着作业冥思苦想时，眼前出现一本翻开的笔记。

乔栗栗站在他面前，慢慢地啃着煎饼，她说："借你看吧，上课要交作业。"

空旷的走廊，没有人影，江河轻声道谢后翻看，整洁的字迹清晰的罗列着重点，他终于在上课前完成了作业。

没有来得及还的笔记，放在桌上被好友看到，恶俗的粉色十分醒目，好友手疾眼快地抢过去，戏谑的表情还没来得及放大，就怔在扉页上乔栗栗三个字。

他不可思议地瞪他，"喂，江河，你怎么还和这样的女生扯上了？"

江河微不可见的皱了下眉，他在想这样的女生是什么样的呢，平凡的，善良的，还是其他，而他无暇顾及，下意识的要和她撇清关系，只说作业紧急。

好友神色郑重地提醒他，"你最好不要和她有关联，听她们女生暗地里说，她脑子不太正常。"

江河想起她缩在夜幕雨中的孤绝，人群中的形单影只，慢慢地点头附和。

趁下课无人注意，江河将笔记本还给她，还附赠了一块巧克力作为答谢。

当时，乔栗栗那个错愕的表情让他太过深刻，她不可置信，又带着雀跃，小心翼翼地问："送我的吗？"

江河清冷地"哦"了一声。不过一块糖，总不会惹出什么麻烦。

值日那天，江河没像往常一样将责任推卸给女生，人群走出教室后，他拎起扫帚，不怎么熟练的操作。

乔栗栗磨磨蹭蹭，踱步拦在他面前，她小声说："我来打扫，你跟他们去打篮球吧。"

咯噔！

心沉沉往下坠，江河莫名心烦意乱。

她接二连三出现，假装熟稔的语气，在一刻都让他觉得不耐烦，想起好友的警告，他冷声拒绝，胡乱地打扫完，回头看她竟然还站在原地，愣愣的，一脸无辜。见状，他更加烦躁地甩上门离开，连书包都没拿。

他急于撇清和她的任何关联。

次日清早，江河来到教室，桌上放着一个粉色的笔记，和面包牛奶的早餐组合。自从他看过乔栗栗的笔记，她总是会提早来，仿佛专程给他帮助。

江河将它们统统挪到隔壁桌，"喂"他喊了声，挥手示意她拿走。乔栗栗慢吞吞地站起来，又将笔记本重新推到他面前。

江河握笔的右手顿了顿，手腕将笔记往桌边推远，低声说："不用了。"

乔栗栗娴熟地翻开上周的新笔记，窗外有人影闪过，门口勾肩搭背的同学两人诧异地看着他们，江河慌忙地将笔记本推开，虚张声势，"我说不用了，你没听到啊。"

意外地，笔记本飞了出去，砸在前排的课桌下，几张纸零散地落在四周。

江河扭头瞥向窗外，余光瞥到她弯腰拾起，满脸通红地走回座位，他怀疑自己是否做得太过分，可如果跟她扯在一起被人耻笑，才是他更加不想看到的局面。

3

从那之后，乔栗栗再也没坦然出现在他面前，她还是独来独往，凡事不动如山，就算偶尔被欺负被嘲笑，也安静的像无风的湖水，没有任何涟漪。

课间江河和好友去走廊放风，人来人往，教室忽然爆发出一阵争论，好友八卦地凑过去，回头看靠在走廊上的江河时，目光带着同情。

乔栗栗被捉弄，同学无意推翻她桌前垒的书，散落一地的笔记本摊开，鲜明地画着江河的画像。

好友安慰似的拍拍他的肩，有些幸灾乐祸，"那个胖妞好像喜欢你哎。"

那个年纪，惯会以貌取人，被这样平凡到一无是处的乔栗栗惦记，他甚至觉得丢脸。

江河气急败坏走过去，乔栗栗正蹲在地上捡书本，他踩着一本语文习题，向她索要那个画画的本子。

乔栗栗红着眼眶，跟他道歉，说对不起。

江河伸手的姿势未变，态度坚决。乔栗栗不舍地将本子递给他，江河做了一件另他往后想起都觉得十分后悔的事，他将那些画着他趴在桌上的侧脸，打篮球的跳跃姿势，站在雨幕眺望的画像，一张张撕下来，揉成一团，又摊开撕碎，像泄愤又像急于证明清白，他将碎片狠狠地丢到垃圾桶。

厚重的霾飘在半空，天气阴沉又压抑，终日不见晴空。

天气越来越冷的周五，放学后的江河忘记拿作业，中

盛开的回忆之花

途又返回教室。

原以为从此桥归桥，路归路，他居然又看到了乔栗栗，此刻，她坐在他同桌的位置上，在折一条藏蓝色的围巾，看到他的时候，瑟缩了一下，拘束地站到一旁，圆圆的脸上堆满讨好的笑。

不是没有过犹豫，但江河想起谣言，脸色不自觉冷了几度，"我不需要。"

他拿起书包，在她欲言又止的注视下，走到门口又回头，语气带着嘲弄，"我们晚上和隔壁学校一起打篮球，没事你来看啊！"

乔栗栗瞬间眉飞色舞，欢快地点头。

傍晚球场边围坐了许多女生，乔栗栗被隔绝在人群外围，前排爆发欢呼时纷纷站起来跺脚摆手臂，她在后面惯性地鼓掌，也不在意能不能看到什么。

江河小有名气，在球场上一贯出尽风头，有女生在休息时给他递水，递毛巾，他得分后也会沿着球场边快跑，和围坐的人群击掌。

但那天，比赛结束的时候，他冲到一个人面前，伸手拥抱了她。那个姑娘，长发飘飘，温婉又气质。

人群零零散散离去，乔栗栗形单影只地走在最后，路灯下长长的影子一直延伸到江河脚边，而他正挽着别的姑娘的手。

第二日清早，乔栗栗那条藏蓝色的围巾还是没意外地出现在他桌上，他莫名其妙，避之不及，拎起来，顺手扔到了教室后面的垃圾桶。

那天放学后，去而复返的江河，看到乔栗栗哭着将围巾捡了起来，隐忍的小声的啜泣像邂逅一场久违的雨，淋在他心头是冰凉的触感。

长发飘飘的姑娘从身后跑过来，追问他忘记拿什么？

乔栗栗红着眼眶，倔强地和站在门口的他对视，他握紧手中牵的手，无所谓地笑笑，说没什么。

只有他自己知道，那一刻，寒风驶过空落落的内心，蛰伏着酝酿一场大雪。

好在，乔栗栗终于放弃了他。

往后的时间，他们遇见时，她不会再弯着嘴角，冲他露出一个浅浅的讨好的笑，而他的人生看起来没有丝毫差别，约会，读书，游玩，还是充实又多彩。

后来毕业，乔栗栗去了一所艺术学院，原本这样无关痛痒的消息在离别季，也只是隐没于人海的一粒尘埃，只是听说她斩获了高校间绘画比赛的一等奖，学校橱窗也因此放着她一张照片，依旧是圆圆的脸，谈不上好看，唯独短发下一双弯弯的眼睛，亮晶晶的，像一弦月。

江河收拾书桌时，发现抽屉深处藏着一把黑色的伞。

他知道这是她临别的礼物，尽管他曾和所有人一样，误以为她单纯的喜欢是妄想，他急于逃离和她拴在一起被嘲笑的命运，却辜负了她最善良的好意。

　　她专注地画画，对一草一物有足够的耐心，和动物讲话，听风声对答，漠不关心地活在自己的世界里，那样纯净无瑕的内心，却被常人以为是不正常。

　　而他听信谣言，明知有误，却随波逐流，他才是自以为是的笨蛋。

　　大学后，很久不翻青春杂志的江河，看到表妹的书，无意翻到了乔栗栗的插画，勇敢的少女用画笔刺破黑暗，抵达远方，而背后少年无意的解围，成为她心中最特别的存在。

　　不单单只是球场边一次无意问候，他也曾有柔软的心，从不随意开女生玩笑，会给人耐心讲题，接过女生递的水，也会腼腆的笑，甚至在她被围攻时出声维护。

　　只是后来，那个勇敢的少年陷入虚荣心的怪圈里，暂时迷失。往后的许多年岁，也曾想过道歉，想给予孤单的她坚定的鼓励，只是茫茫人海，你去了哪里，再也没遇到。

　　像天空无法拥抱飞鸟，而他们最无差别的岁月，已经像燃过的灰烬，寂寂隐没于尘埃。

河

刘一畅

人的存在应该像一条河。

列夫·托尔斯泰曾经说过："人，就是一条河，河里的水流到哪里都还有水。但是河有狭、有宽、有平静、有清澈、有冰冷、有浑浊、有温暖等现象。而人也一样。"想要成为这样的一条河：温暖平静、清澈宽长，以一种不变的姿态向一个永恒的方向汩汩流淌。

说到这里便想到杜聪，那个毅然放弃高薪职位，投身于救助艾滋病孤儿的慈善活动中的男子。智慧和慈悲是他的两件法器。你不能陷在慈悲里，你要有智慧，跳出慈悲用智慧度人。一直都很信服他的这句话，若是想要帮助别人，那自己首先要有能力。人，唯有站在一定的高度才能俯察人间疾苦，而又要有一定的深度，才能在俯察人间疾苦后尽己所能地施与善心。十年踪迹十年心，时光倏然而

盛开的回忆之花

过，这个如河流般的男子已不再年轻，奔波忙碌磨去了眉宇间的意气风发，却多了份成熟与沉着。也许唯有目睹艾滋村的巨大苦难，才会拥有这样的神情，亦是深谙自己身上担着怎样的一份责任。这条河流是有温度的，流经之处春暖花开。从这条河流中，不知你看见了什么？而我看见了春天。

或者，我们都身处于同一条河流之中。若干年前，我们莽撞、倔强、棱角分明，可是若干年后会发现，随着流淌的河水，我们早已被打磨得光滑，棱角都已被磨平。懂得了低头，正尝试着低头，而这条河流叫作生活。于这条河流而言，我们只是栖居其中的渺小个体，却领受到它给我们的福泽——在河水起伏中成长。如一个作家所言："一个少年告别放肆浅薄，逐渐改变成另外一种更为平和与坚韧的姿态，诚实地生活。这其中的蜕变自然可以勾勒出生命的创痛。我亦相信这样的蜕变是正确的，它是生活赐予我们的勋章。"

我们的蜕变或许也正被他人观望着，这些观望的人或欣喜或惆怅，我们的成长牵动着他们的心。那么，当有一天我们都变成垂暮老人的时候，颤巍巍地站在河边，身姿已不似当年挺拔，俯身看见河流中自己的倒影，那时候是否会自问一句："有没有成为自己喜欢的样子？"而是否又能微笑颔首，答一声："嗯。"

如今，我们都在奔向结局，这结局并不是既定的，也无法确知抵达那里需要我们行走或奔跑几多的时间。行路途中必是百感交集，但个中体味，也唯有等到我们成为一个旁观者的时候，才能再来感怀。

相望冷，独自归。我们都是各自执灯照亮脚下一小方土地的人，站在风雨飘摇的路口，没有来路也没有归途。但我笃信，那些长河会渐渐交汇在一起，流向同一个远方。水流拍打岸边的石头，拂过柔软的水草，穿过平野与山谷。无声无息，不舍昼夜。

生命便宛如这静静的、相拥的河。

盛开的回忆之花